COLEÇÃO AGENDA BRASILEIRA

SE LIGA NO SOM

AS TRANSFORMAÇÕES DO RAP NO BRASIL

Ricardo Teperman

claroenigma
UMA EDITORA DO GRUPO COMPANHIA DAS LETRAS

Grafia atualizada segundo o Acordo Ortográfico da Língua Portuguesa de 1990, que entrou em vigor no Brasil em 2009.

FOTO DE CAPA
James/ PMCA / Getty Images
Todos os esforços foram realizados para identificar o fotografado. Como isso não foi possível, teremos prazer em creditá-lo, caso se manifeste.

PREPARAÇÃO
Mariana Delfini

ÍNDICE REMISSIVO
Luciano Marchiori

REVISÃO
Jane Pessoa
Valquíria Della Pozza

Dados Internacionais de Catalogação na Publicação (CIP)
(Câmara Brasileira do Livro, SP, Brasil)

Teperman, Ricardo
Se liga no som : as transformações do rap no Brasil / Ricardo Teperman. – 1ª ed. – São Paulo : Claro Enigma, 2015. – (Coleção Agenda brasileira)

Bibliografia.
ISBN 978-85-8166-126-1

1. Compositores – Brasil 2. Música – Brasil – História e crítica 3. Hip hop – Brasil 4. Poesia e música 5. Rap (Movimento musical) – Aspectos sociais 6. Rap (Música) – Brasil I. Título

15-06183 CDD-782.4216490981

Índice para catálogo sistemático:
1. Rap : Música popular : Brasil 782.4216490981

EDITORA CLARO ENIGMA
Rua Bandeira Paulista, 702, cj. 71
04532-002 – São Paulo – SP
Telefone: (11) 3707-3531
www.companhiadasletras.com.br
www.blogdacompanhia.com.br

SUMÁRIO

SE LIGA NO SOM

AS TRANSFORMAÇÕES DO RAP NO BRASIL

APRESENTAÇÃO

A música está no mundo. Nas potentes caixas de som de carros que atravessam a cidade marcando presença no volume máximo; nas esperas telefônicas; nos elevadores dos shopping centers; nos fones dos milhões de pedestres que ouvem música em seus telefones celulares e leitores de MP3. As ocasiões em que tudo para e a música se torna o centro das atenções — numa sala fechada e tratada acusticamente para esse fim, com um grupo de músicos de um lado e um grupo de ouvintes de outro, ambos devidamente treinados para a performance musical — são infinitamente mais raras do que aquelas em que a música simplesmente acompanha a vida.

No entanto, os livros sobre música teimam em tratá-la como algo à parte, uma linguagem que viveria isolada na harmonia das esferas, no olimpo dos grandes compositores — seja os da chamada música *clássica*, seja os da tal música *popular*. Nessa perspectiva, os músicos seriam gênios que já nasceram com *o dom*, com mãos de pianista, com muito *talento* —, privilégios de alguns poucos a quem, por circunstâncias genéticas ou pela graça divina, tivesse sido concedido um ouvido musical.

Desde meados dos anos 1970, um jeito novo de fazer música vem contribuindo para pôr em xeque essa definição etérea, não só por permitir o desenvolvimento de uma musicalidade sofisticada que não depende de qualquer tipo de estudo formal (nisso não foi o primeiro), mas sobretudo por bater o pé na ideia de que a música está no mundo para transformá-lo, e não apenas para servir de trilha sonora. O rap se define como uma cultura de rua, e nada mais eloquente do que a imagem de jovens carregando aparelhos de som nos ombros, tocando rap, enquanto dançarinos de break se exercitam na calçada.

Gestado nas festas de rua de bairros pobres e predominantemente negros, o rap é uma música que nasce marcada social e racialmente — e que faz dessas marcas sua bandeira, sem que isso a tenha impedido de se tornar objeto de interesse no mundo todo. O rap é hoje ouvido e produzido nos quatro hemisférios.

Muitos rappers precisaram rebater a dura recriminação de que o que faziam "não era música". Outros foram acusados, inclusive judicialmente, de incitar o crime e a violência. Nos Estados Unidos, promotores de justiça chegaram a usar letras de rap como prova em julgamentos.

Mas os rappers não costumam se deixar vitimizar. Pelo contrário, muitas vezes também adotam pontos de vista acusatórios: "Isso não é rap", "Tal MC se *vendeu* para o sistema" são expressões que encontramos com frequência nas letras das músicas e nas declarações públicas de MCs.

Como toda produção cultural, o rap carrega ambiguidades e amplifica vozes dissonantes, movendo-se no mundo enquanto o mundo se move. Como agarrar então esse peixe tão escorregadio?

Um procedimento muito comum em livros sobre música é o exame de um estilo a partir da comparação com seus antecedentes presumidos — uma espécie de busca pelas origens. São frequentes perguntas como: qual a etimologia da palavra "forró"? Muitos defendem a ideia de que seria uma versão abrasileirada da expressão "for all" [para todos]. O termo teria sido cunhado em Pernambuco, no início do século XX, quando engenheiros britânicos se instalaram na região para construir uma ferrovia. Os bailes promovidos pela empresa inglesa eram abertos ao público — for all, ou, na pronúncia dos nordestinos, forró. A história é simpática e reforça o caráter democrático e transcultural da dança, mas não tem nenhuma comprovação histórica.

Outros preferem a hipótese de que forró é uma corruptela de forrobodó — palavra de uso corrente desde o fim do século XIX e que quer dizer tanto "baile popular, arrasta-pé, festança" quanto "confusão, tumulto, balbúrdia". Parece mais razoável como explicação, mas é uma etimologia menos sedutora do que a anterior. Na medida em que artistas de forró querem promover sua música junto a novos ouvintes e "dançarinos", muitos preferem divulgar a definição que reforça a ideia de que é uma música "para todos".

Outra polêmica famosa nos debates sobre música brasileira: onde "nasceu" o samba, na Bahia ou no Rio de Janeiro? Com a abolição da escravidão, em 1888, uma massa importante de ex-escravos baianos migrou para a então capital do Império e futura capital da República, levando consigo suas músicas e danças. Qual então seria, *realmente*, a capital do samba? Em um de seus maiores clássicos, "A voz do morro", o sambista Zé Keti diz: "Eu sou o samba/ Sou natural daqui do Rio de Janeiro". Já no "Samba da bênção", não menos clássico, de Vinicius de Moraes e Baden Powell, a história é outra: "O samba nasceu lá na Bahia".[1]

Mas o assunto aqui não é forró nem samba. O suposto local de nascimento do rap e a etimologia da palavra que dá nome ao gênero são informações que podem trazer boas ideias para a reflexão, mas estão longe de constituírem explicações satisfatórias. Um pouco como os "causos" dos mineiros, são histórias boas de contar e de ouvir. Há uma irresistível expressão em italiano para definir esses "causos": "Se non è vero, è ben trovato". Se não é verdade, é bem contado.

A música está no mundo, e falar sobre ela é falar sobre um tempo e lugar específicos. Além de carregar significados, a música também *produz* significado. E, entre os muitos gêneros que marcam nosso tempo, o rap se destaca como aquele que mais questiona seu lugar social. Por um lado, briga por espaço no mercado fonográfico, por outro, é uma música que quer ser mais do que apenas isso: é um movimento, um estilo de vida, quer mudar o mundo.

Este livro não tem a ambição de estabelecer um panorama abrangente dos rappers no Brasil. Se tivesse, as injustiças seriam inúmeras: muitos artistas não foram citados, ou o foram apenas de passagem. Entre tantos artistas e situações que poderiam ser tematizados, foram escolhidos aqueles cuja singularidade permitisse discutir questões significativas e produtivas.

O livro tampouco tem a ambição de "explicar" tudo sobre o rap: essa seria uma perspectiva arrogante e complacente, para dizer o mínimo. A ideia que norteou a escrita das páginas que seguem foi flagrar as transformações das maneiras de fazer, ouvir e falar sobre rap no Brasil.

Na virada dos anos 1970 para os 80, a palavra "rap" era pouco usada e pouco conhecida. O estilo musical que hoje poderíamos identificar como rap se confundia com outros gêneros de música dançante como disco e soul, e servia sobretudo de trilha sonora para os bailes black e para o break, promovidos por uma miríade de equipes de baile e grupos de dançarinos.

O fortalecimento dos movimentos sociais com o fim da ditadura civil-militar brasileira (1964-85) criou um terreno fértil para a politização do rap. Disseminado pelas rádios comunitárias, o gênero funcionou como catalisador das chamadas "posses" (como a Aliança Negra) e de movimentos urbanos (como o da estação São Bento do metrô em São Paulo).

A partir do início dos anos 1990, a excelência da produção musical e poética do grupo Racionais MC's, aliada ao rigoroso discurso de classe e raça e à recusa renitente a deixar-se assimilar pelos esquemas comerciais do mercado da música, configurou o forte paradigma político que passou a nortear a produção, a recepção e a crítica do rap no Brasil.

Na virada dos anos 2000, a democratização do acesso à internet banda larga e à tecnologia em geral estimulou a produção e a circulação do rap, revelando a pluralidade do gênero, com vários focos de produção espalhados pelo território nacional. A capacidade de mobilização do rap passou a interessar grupos que, até então, haviam tido espaço reduzido no campo. Mais e mais, "minorias" como mulheres, indígenas e homossexuais vêm encontrando espaço de expressão como rappers, inserindo novas reivindicações na pauta e propondo novas elaborações estéticas. Também proliferam, em alta voltagem, tendências como o rap gospel e o rap ostentação.

Quase trinta anos depois do surgimento do grupo Racionais MC's, a posição relativa do rap e dos rappers no campo da produção cultural no Brasil foi significativamente alterada. As transformações pelas quais o país passou durante o período da chamada "redemocratização" — notadamente, a maior escolarização e o aumento dos padrões de consumo de grandes fatias da população — suscitaram novos dilemas, contradições e demandas para os músicos e consumidores do gênero.

O sucesso e o prestígio obtidos por artistas como Criolo e Emicida reforçaram a ideia do surgimento de uma nova escola do rap no Brasil.* Para além das novidades estéticas e do alinhamento com a tradição consagrada da música popular brasileira, os artistas da chamada nova escola mostraram-se muito mais desenvoltos na profissionalização de suas carreiras, obtendo grande e inédito sucesso na criação de novos sistemas de gestão do rap como *negócio*. O fortalecimento do rap como gênero musical de mercado problematiza sua eficácia como fenômeno de classe, trazendo à tona contradições que sempre estiveram presentes.

É preciso considerar que essas várias transformações, se ocorreram ao longo dos anos, nem por isso se organizam numa linha do tempo, uma após a outra, de maneira "bem-comportada", como tantas vezes querem fazer crer os (velhos) livros de história. São movimentos constantes e, por vezes, contraditórios que compõem o complexo campo de forças do rap, e da música em geral, no Brasil.

*Usam-se no rap as expressões "old school" e "new school", que também aparecem em português como "velha escola" e "nova escola", para distinguir duas gerações de artistas e duas grandes fases do gênero. Não há propriamente uma classificação consagrada: as definições de uma e outra variam muito — seja para falar do rap nos Estados Unidos, seja do rap nacional.

O objetivo deste livro não é portanto contar a "verdadeira história do rap", mas questionar discursos hegemônicos, cutucar feridas, lançar luz sobre subgêneros emergentes, enfim, fazer pensar. Um pouco como quando um amigo nos chama de lado para mostrar um som, este livro é um convite para a reflexão crítica sobre essa poderosa manifestação musical que marcou o fim do século XX e segue estimulando ouvidos pensantes do século XXI. Como diria Rappin Hood: "Se liga no som/ Aumenta o volume que é rap do bom".

A interpretação consagrada da etimologia da palavra rap é que seria uma sigla para *rhythm and poetry* [ritmo e poesia]. O mito de origem mais frequente sobre o gênero é que teria surgido no Bronx, bairro pobre de Nova York, no início dos anos 1970.

São dois lugares-comuns que, independente de seu conteúdo de verdade, merecem ser estranhados. Alguns preferem dizer que o rap nasceu nas savanas africanas, nas narrativas dos griôs — poetas e cantadores tidos como sábios. Ou ainda, como sugerem alguns rappers e críticos brasileiros, que é uma variante do repente e da embolada nordestinos. Outros MCs brasileiros defendem que rap é a sigla para "Revolução Através das Palavras", e já foi dito que as três letras poderiam corresponder a "Ritmo, Amor e Poesia". Mais do que explicações, essas são interpretações, e defender um delas é uma espécie de alinhamento ideológico, que terá impacto no modo como essa música se situará no mundo social.

A palavra "rap" não era novidade nos anos 1970, pois já constava dos dicionários de inglês havia muitos anos — seu uso como verbo remonta ao século XIV. Entre os sentidos mais comuns, queria dizer algo como "bater" ou "criticar".* Um dos principais líderes dos Panteras Negras, grupo ativista do movimento negro norte-americano dos anos 1960, incorporou a palavra em seu nome: H. Rap Brown. Foi assim que ele assinou sua autobiografia, *Die Nigger Die!* [Morra Preto Morra!],[2] lançada em 1969 — antes de qualquer registro da palavra "rap" associada a uma manifestação musical.

No livro, ele conta suas memórias de infância, quando brincava na rua com amigos do bairro. Uma das brincadeiras mais frequentes era um jogo de desafios verbais conhecido

*Na definição do dicionário *Merriam Webster*, "(1) *to strike with a sharp blow*; (2) *to utter suddenly and forcibly*; (3) *to cause to be or come by raps* <rap *the meeting to order*>; (4) *to criticize sharply*".

como *the dozens* [as dúzias]. Nele, as crianças se provocavam com os insultos mais odiosos que podiam conceber, muitas vezes envolvendo a mãe do oponente. Mas os insultos deviam ser construídos com rimas, essa era a graça. As *dozens* são desafios tipo "trava-língua", com tiradas espirituosas e picantes.

H. Rap Brown conta como ele era bom nessas rimas, humilhava seus adversários e fazia a roda cair na gargalhada: "*That's why they call me Rap, 'cause I could rap*" [*É por isso que me chamavam de Rap, porque eu sabia rapear*]. Em *Deep Down in the Jungle*, estudo de Roger Abrahams publicado no início dos anos 1960,[3] há uma série de documentos que sugerem a relevância desse tipo de prática entre os afro-americanos no bairro de Camingerly, na Filadélfia. Segundo o autor, concursos verbais são uma parte grande da conversa entre esses homens. Provérbios, frases de efeito, piadas, quase todo tipo de discurso é usado, não com intento de comunicação mas como armas numa batalha verbal. No bairro estudado por Abrahams, era comum que reuniões de homens se transformassem em *sounding*: sessões de provocação e jactância.

Outros autores, como David Toop e Tricia Rose, lembram ainda a tradição conhecida como *toasting* — do verbo *toast*, "brindar". A brincadeira é fazer uma espécie de brinde às avessas: em vez de um discurso de homenagem, fazer um de detração. São histórias rimadas, normalmente longas, contadas no mais das vezes entre homens. Violentas, escatológicas, obscenas e misóginas, costumam ser passatempo contra o tédio em ambientes como o Exército e a prisão, ou simplesmente na vida de desempregados ou jovens enfadados num bairro pobre.

Historiadores como Johan Huizinga e Peter Burke citam jogos de improviso verbal das mais diversas tradições ao redor do mundo: na Polinésia, na Sicília, no Japão e na Suécia. Na França, *gaber* é uma prática que remonta aos tempos de Carlos Magno, no século IX. Huizinga conta que *gab* significa "troça" e "escárnio", especialmente como prelúdio a um combate ou como parte de um banquete. *Gaber* era considerado uma arte. A origem do vocábulo é incerta, encontrando um equivalente aproximado em *gelp, gelpan*, que em inglês antigo significa "glória", "pompa", "arrogância", e no alemão culto da Idade Média significa "clamor", "troça", "escárnio".

Também em português o verbo "gabar" é usado como sinônimo para jactar-se e vangloriar-se. A aproximação em um mesmo vocábulo dos sentidos de jactância e escárnio desperta algum interesse. É típico das letras de rap, e de duelos de improviso em geral, mesclar passagens de autoengrandecimento com ataques ao outro.

No Brasil, algo equivalente às *dozens* seria o jogo verbal do "gererê gererê LSD", em torno do qual são construídas rimas escatológicas. O refrão chegou a ser usado em um dos primeiros raps produzidos no país, "Gererê", no disco *Balanço do jacaré*. Mas também poderíamos pensar em diversas modalidades de desafios cantados praticados por aqui, tais como o cururu, a embolada, o partido-alto e o repente. No verbete "desafio", do *Dicionário Musical Brasileiro* de Mário de Andrade, o autor propõe que "o gênero de 'fala de um resposta do outro' é mais ou menos universal. O que mais caracteriza o nosso desafio [...] é o esporte de injúria, entre os desafiadores nordestinos, sistematizado muitas vezes como tema único".[4]

Em suma, torneios de injúrias, concursos de jactância e outros tipos de desafios de rima não são exclusividade dos negros norte-americanos. Ainda que muitos autores atribuam à brincadeira das *dozens*, assim como aos outros jogos verbais ou torneios de insultos, a origem do canto falado do rap, essa associação não é suficiente para explicar "a origem" do gênero. Em todo caso, quando o pantera negra H. *Rap* Brown escolheu incorporar o termo em seu nome, a palavra não designava um estilo musical, mas estava ligada a essas várias práticas.

Parece muito provável que o gênero rap tenha ganhado esse nome como extensão do uso da palavra "rap" — como vimos, já dicionarizada bem antes dos anos 1970. Mas é claro que o fato de que as letras R, A e P componham uma sigla que corresponda a *rhythm and poetry* é um achado poderoso. E é conveniente que funcione também em línguas latinas como português, espanhol e francês (R para ritmo e P para poesia). Como sigla, o termo reúne um aspecto comumente associado às manifestações musicais africanas — o ritmo — a outro, que tem grande legitimidade nos circuitos culturais "hegêmonicos" — a poesia.

Assim, a própria definição da palavra "rap" defende uma ideia: de que as letras de rap são poesia — em oposição a críticos conservadores, que fazem questão de reservar o privilégio da denominação "poeta" para autores que se filiem às tradições literárias canônicas, como William Shakespeare, W. H. Auden ou W. B. Yeats, apenas para ficar com nomes de língua inglesa. Não é pouca coisa, e não é à toa que a etimologia de rap como sigla para ritmo e poesia "colou". *Se non è vero, è ben trovato.*

No que diz respeito ao "local de nascimento" do rap, dez entre dez MCs dirão que é o Bronx. Mas, para dar sentido a essa geografia do rap, é preciso considerar pelo menos duas ondas de imigração. Em primeiro lugar, a vinda de centenas de milhares de africanos, das mais diferentes origens, para alimentar o maquinário insaciável dos regimes escravocratas nas Américas. No contato com as tradições musicais europeias, levadas aos Estados Unidos desde a chegada dos primeiros colonos ingleses, esses africanos — descendentes dos hoje conhecidos como afro-americanos — liderariam diversas revoluções na música do mundo, contribuindo de maneira decisiva na criação de gêneros como blues, jazz, rock, soul, reggae, funk, disco e, claro, rap. Para a musicóloga norte-americana Susan McClary, autora de livros importantes sobre música clássica de tradição europeia, essa herança é a principal influência para a produção musical contemporânea, de modo geral.[5]

Uma segunda onda migratória, após o final da Segunda Guerra Mundial, levou largos contingentes de homens e mulheres pobres de ilhas caribenhas como Jamaica, Porto Rico e Cuba para os Estados Unidos, em busca de melhores condições de trabalho. Esses imigrantes tenderam a se estabelecer nas periferias das grandes cidades, onde o custo de vida era relativamente baixo e as ofertas de emprego estavam próximas. Nessas regiões, os novos imigrantes caribenhos passaram a conviver com imigrantes latinos e também com afro-americanos estabelecidos nos Estados Unidos havia várias gerações.

Um desses bairros era o Bronx, no extremo norte da ilha de Manhattan, na cidade de Nova York. No início dos anos 1970, a região vivia uma situação de degradação e abandono. Com pouca oferta de espaços de esporte, lazer e cultura, os jovens do Bronx estavam expostos à violência urbana crescente e às guerras brutais entre gangues. O bairro era predominantemente negro, e o país ainda trazia abertas as feridas dos violentos conflitos raciais da década de 1960. Em poucas palavras, o Bronx era uma espécie de barril de pólvora.

Nos finais de semana dos meses de verão, alguns desses imigrantes acoplavam poderosos equipamentos de som a carrocerias de caminhões e carros grandes (os chamados *sounds systems*), tocavam discos de funk, soul e reggae, e com isso criavam um clima de festa nas ruas. Inspirados nos disc jockeys que animavam programas de rádio, se autodenominavam DJs. Além disso, usavam um microfone para "falar" com o público, não só entre as músicas mas também *durante* a música, como mestres de cerimônia (daí a sigla MC — *master of cerimony*). Figuras como Kool Herc e Grandmaster Flash,* dois dos mais célebres agitadores das festas de rua no Bronx, cumpriam ao mesmo tempo as funções de DJ e de MC.

Kool Herc era conhecido por ter uma das mais originais coleções de discos de funk e R&B e também um poderoso

*Praticamente todos os rappers adotam um nome artístico.

sound system, que batizou de The Herculoids. Mas sobretudo por ter sido o primeiro a usar a técnica de repetir ciclicamente um mesmo trecho curto, criando como que uma nova música. Esse trecho com ideias compactas e eficazes de bateria, baixo e guitarra passou a ser chamado de *breakbeat* [batida com breque] — isso porque, ao final de um motivo, o DJ *brecava* o disco e voltava o vinil para o ponto anterior, para recomeçar. Era preciso ter dois exemplares de cada disco, um para cada vitrola, e a técnica ficou conhecida como *backspin* ou *back to back*. Essa sacada se tornaria um marco de enorme impacto no mundo da música.

A novíssima invenção era um desafio para os DJs. Como acertar exatamente o ponto em que o *groove* começava? Herc às vezes acertava na mosca, outras nem tanto. Foi outro DJ, Grandmaster Flash, quem sistematizou a ideia, desenvolvendo uma técnica que permitia "voltar o disco" sempre para o mesmo ponto. Flash também explorou outra invenção, atribuída originalmente a Grand Wizard Theodore, então um adolescente de pouco mais de treze anos. Consta que, certa vez, ouvindo música alta em seu quarto, Theodore foi repreendido por sua mãe e, rapidamente, tentou parar a música. Ao esbarrar de maneira desajeitada no toca-discos, a agulha teria arranhado um pouco o vinil, gerando um barulho que Theodore achou interessante. Esse arranhão, ou, em inglês, *scratch*, tornou-se uma das marcas registradas dos DJs de rap. Enquanto o som rolava de um dos pickups, o DJ se exibia produzindo *scratches* na outra vitrola.

Com a complicação crescente da tarefa do DJ, não sobrava mais tempo para falar com a plateia. Assim, a função de "animador" da festa passaria a ser desempenhada por um especialista, o Mestre de Cerimônia ou, em sua versão abreviada, MC.

Herc passou a contar com a colaboração de um amigo, Coke La Rock, que pegava o microfone e falava com as pessoas. La Rock pedia que não parassem de dançar, dizia os nomes dos dançarinos ou dos amigos, criava apelidos, falava bobagens ou coisas engraçadas e sem sentido, mas com sonoridade divertida. Em um desses improvisos, o DJ e MC Lovebug Starski teria criado uma espécie de refrão: *Hip hop you don't stop that makes your body rock* [quadril, salto, não pare, isso faz seu corpo balançar]. Associar a palavra "hip" [que pode ser traduzida por quadril, mas que também quer dizer "segundo a última moda"] à palavra "hop" [pular ou dançar] era uma maneira graciosa de dizer: não pare de mexer os quadris, não pare de dançar, "essa é a última moda". A expressão "hip-hop" dava o recado e soava bem.

A competência do DJ e do MC se fazia comprovar pela empolgação da "pista" — mesmo que a festa fosse no meio da rua. Os dançarinos mais animados e talentosos, que criavam coreografias para essa nova música, cheia de *breaks*, passaram a ser chamados de b-boys (*break boys*).

Apresentando-se um de cada vez ou em pequenas equipes, bem em frente ao DJ, os b-boys faziam demonstrações de virtuosismo coreográfico, por meio das quais competiam. Mais tarde, campeonatos organizados passariam a fomentar essa competição e se disseminariam mundo afora.

A origem dos movimentos do break também rendeu verdadeiras mitologias. O giro de cabeça, um dos passos mais notáveis, foi muitas vezes descrito como uma imitação das hélices de helicópteros, em menção à Guerra do Vietnã, de onde haviam recentemente regressado muitos jovens afro-americanos — hipótese que valoriza o caráter político da dança.

Alguns comentadores sugerem que uma influência importante são as artes marciais, populares nos Estados Unidos graças aos filmes de Bruce Lee — o que reforça o aspecto "combativo" do break. Nos últimos anos, críticos chegaram a sugerir que o movimento teria sido importado da capoeira — argumento que fortalece as origens africanas da dança.[6] *Se non è vero...*

Nenhuma dessas hipóteses é totalmente convincente — mas tampouco precisam ser descartadas. De todo modo, não são historicamente verificáveis — assim, aquele que esperar uma conclusão definitiva ficará decepcionado. O que é certo é que constroem um discurso que apresenta o break como uma dança politicamente engajada, combativa e bem ancorada em suas raízes africanas.

Vimos como o hip-hop está ligado etimologicamente ao movimento dos quadris, ou seja, à dança, à festa. Se hoje a expressão remete a um movimento cultural no geral bastante politizado, isso foi uma construção posterior. Rap costuma designar apenas a música, enquanto hip-hop se tornou o termo mais geral, que engloba também dança, moda, grafite, estilo de vida e atuação política — muitas vezes se fala em "movimento hip-hop". Em todo caso, o ponto que interessa destacar é que as dimensões festivas e críticas do rap e do hip-hop não são tão facilmente separáveis, e não é à toa que essa aparente contradição gera frequentemente debates acalorados.

Voltemos para aquele primeiro momento de diferenciação das funções do DJ e do MC. Falando de improviso, os MCs às vezes lançavam provocações a outros participantes das festas, estimulando outra pessoa a pedir o microfone para responder. Assim criavam-se duelos de rimas, na linha do jogo das *dozens*. Formavam-se pequenas equipes, amigos que se reuniam para desafiar outros grupos.

Alguns MCs começaram a apresentar pequenos trechos previamente pensados ou escritos, que chamavam de *routines* [rotinas]. Em torno de um refrão, cantado coletivamente, os MCs cantavam sozinhos, em dupla ou trio, como em um jogral. Mas essas criações eram relativamente curtas e não podem ser consideradas canções. Assim como a performance do DJ era improvisada e podia variar muito de uma apresentação para outra, os MCs também preferiam criar versos na hora, técnica hoje conhecida como freestyle.

Foi só no final dos anos 1970, com o surgimento de oportunidades para gravação de discos, que as bases musicais criadas a partir da repetição de trechos (*backspin*) e os efeitos de arranhar os discos (*scratch*) se fixariam, associadas a versos “falados” previamente escritos e estabilizados como letra de música. A maior parte dos MCs e DJs não achava uma boa ideia gravar em disco o que para eles só fazia sentido como performance ao vivo, no contexto da festa.

Tendo emplacado dois ou três sucessos de R&B nas décadas de 1950 e 60, a cantora, compositora e produtora Sylvia Robinson viu na música feita nessas festas de rua uma grande oportunidade comercial. Em 1979, Sylvia e Joe Robinson reuniram três MCs jovens e inexperientes para formar o grupo Sugarhill Gang. O casal criou o selo Sugar Hill Records especialmente para lançar o single “Rapper’s Delight”, de autoria de Sylvia em parceria com os três MCs.

Mas o que significa ser autor de um rap? Em 1979, essa era uma pergunta sem resposta.

A base musical de "Rapper's Delight" foi inspirada no hit da música disco "Good Times", do grupo Chic. Se fosse uma festa de rua, o DJ teria dois discos com "Good Times" e alternaria um e outro, repetindo um breakbeat que achasse interessante. Um MC falaria algumas rimas de improviso, animando o pessoal na pista; talvez um grupo aproveitasse para cantar sua nova *routine*. A música duraria mais ou menos tempo, dependendo da reação da plateia. Mas como realizar esses princípios em estúdio?

Hoje existem dezenas de aparelhos ou programas de computador que facilmente extraem samples (amostras) de gravações. O sampler armazena sons diferentes em uma memória digital, que pode ser acessada posteriormente. Pode-se tanto usar o som de um violino sampleado, para criar melodias tocadas por violino, como usar um sample de quatro compassos de determinada gravação e tornar isso a base de uma nova música.

Sylvia Robinson queria usar "Good Times" como base para seu rap. Para isso, pediu a um baixista e um baterista que tocassem o *groove* de "Good Times" durante quinze minutos. Ou seja, simulou mecanicamente um sample, que se tornou a base para "Rapper's Delight".

O problema é que o baixista Bernard Edwards e o guitarrista Nile Rodgers, fundadores do grupo Chic, ouviram "Rapper's Delight" tocada por um DJ numa boate em Nova York. Ao reconhecer a linha de baixo e trechos da sessão de cordas da música "Good Times", da qual eram autores, ameaçaram processar Sylvia e Joe Robinson por plágio. Os donos da Sugar Hill Records incluíram Edwards e Rodgers como coautores, e os fundadores do Chic garantiram seu quinhão.

Essa foi apenas a primeira de uma longa série de polêmicas em torno da propriedade dos direitos autorais no rap. Mais tarde, com a disseminação dos samplers, a confusão só aumentaria. Muitas vezes os DJs sampleavam trechos curtos de grandes hits para compor suas bases. Enquanto os raps circulavam apenas artesanalmente, de mão em mão, entre jovens dos bairros pobres, eles passavam despercebidos do mundo do capital. Mas quando começaram a gerar enormes receitas, os artistas e as gravadoras proprietárias dos fonogramas utilizados pelos DJs nas bases dos raps fizeram questão de receber tanto os créditos quanto os dólares. Restava ainda discutir qual a porcentagem que caberia a cada um, gerando negociações rocambolescas.

Quanto à letra de "Rapper's Delight", o problema não foi menos complicado. Tomemos logo o primeiro verso, que brinca com a sonoridade da expressão "hip-hop":

> *I said hip hop, the hippie, the hippie to the hip hip hop and you don't stop**

Já foi citado que se atribui a Lovebug Starski o verso "*hip hop you don't stop that makes your body rock*". Coke La Rock, por sua vez, teria criado refrões como: "*You rock and you don't stop*". A semelhança com o verso de abertura do hit da Sugarhill Gang é notável, e no entanto nenhum desses MCs recebeu qualquer crédito. Além disso, pelo menos mais dois MCs — Grandmaster Caz e Alan Hawkshaw — reivindicam autoria de versos de "Rapper's Delight", mas até agora não foram oficialmente creditados.

O episódio faz lembrar as polêmicas em torno do samba "Pelo telefone", gravado em 1917 e com autoria atribuída a Donga (mais tarde foi concecida coautoria a Mauro de Almeida). Sabe-se que a música nasceu em improvisações nas rodas de partido-alto, e que Donga simplesmente selecionou alguns trechos e registrou em seu nome. Afinal, como diria na mesma época o sambista Sinhô: "Samba é como passarinho: é de quem pegar".

* O verso brinca com as sonoridades das palavras hip [quadril] e hop [saltar].

Até 1979, o rap produzido no Bronx era registrado em fitas cassete, produzidas de maneira caseira pelos grupos ou gravadas clandestinamente em festas e clubes, para então serem vendidas ou, no mais das vezes, distribuídas de mão em mão. Crianças e adolescentes circulavam pelas ruas com seus enormes *sound systems* sobre os ombros, ouvindo essas fitas caseiras.

O processo de entrada do rap na indústria fonográfica levanta uma série de questões interessantes sobre as relações entre cultura e mercado. Se hoje a figura do MC parece evidente, os próprios rimadores não conseguiam imaginar como uma prática de improviso que tinha como objetivo animar bailes desembocaria em letras fixas e um jeito de cantar que podia ser registrado em disco. E muito menos que viria a ser amplamente difundido, gerando milhares de dólares em direitos autorais.

Lançado em setembro de 1979, "Rapper's Delight" foi o primeiro rap a realmente estourar nas paradas de sucesso, chegando a entrar no Top 40 da Billboard e tornando-se um hit internacional — mas não foi o primeiro registro fonográfico do canto falado do rap. Jovens grupos de diferentes regiões de Nova York ou de cidades vizinhas, como Nova Jersey, começavam a tatear na direção de produzir seus próprios discos. No mesmo ano de 1979, o grupo de funk e disco Fatback, em atividade desde o início da década, havia lançado o rap "King Tim III (Personality Jock)", conquistando muitos ouvintes nova-iorquinos.

Os MCs e DJs do Bronx, bairro em que as famosas festas de hip-hop aconteceram no início da década, talvez justamente por sentirem que essa música estava sobretudo ligada às festas de rua, demoraram mais a gravar discos de rap do que músicos que tinham um histórico mais recente com o gênero. O grupo Sugarhill Gang havia sido fabricado por Sylvia Robinson em uma grande sacada comercial. Mas, em que pese essa relativa artificialidade, foi o sucesso de "Rapper's Delight" que impulsionou a gravação de dezenas de outros discos de rap, tanto de novos artistas como de ícones como Grandmaster Flash.

O modelo criado por Sylvia Robinson seria reproduzido por muitos outros produtores: gravar músicos tocando em loop um trecho de um sucesso recente da música disco e reunir jovens MCs que pudessem colocar suas rimas sobre a base. Bobby Robinson, dono de um pequeno selo chamado Enjoy Records, não perdeu tempo. Convidou Sha-Rock, tida como a única MC mulher naquela época, para se reunir ao grupo The Funky Four, e gravou com eles "Rappin and Rockin' the House". Também procurou Grandmaster Flash para propor que ele se unisse ao grupo The Furious Five na gravação de um single, "Superrappin", lançado naquele mesmo ano.

O disco ocupa um lugar central na propagação da chamada cultura hip-hop. Afinal, é seu principal produto, no sentido comercial, e circula na mais poderosa e abrangente rede de sociabilidade dos nossos tempos: o mercado. Junto com os fonogramas, como que no mesmo "pacote", diversos elementos da cultura hip-hop passaram a se difundir. As roupas e acessórios usados pelos artistas nas capas de disco, assim como os grafites de rua que compunham o cenário das fotos, agregavam significados ao áudio. Assim como nas performances ao vivo, as coreografias realizadas pelos MCs, seja em videoclipes, programas de televisão ou em shows, propunham uma linguagem corporal baseada no break.

Filmes como *Wild Style* e *A loucura do ritmo*, lançados entre 1983 e 1984, mistos de documentário e ficção, retratavam esses diferentes fazeres do hip-hop: a música do DJ e o canto falado do MC (que juntos fazem o gênero musical rap), além do break dance e da street art (o grafite). A estreia de tais filmes em outros países foi determinante para a disseminação dessas práticas, que passaram a ser frequentemente referidas como os "quatro elementos" da cultura hip-hop.

Muito antes que o rap se tornasse um dos gêneros musicais mais lucrativos no mercado fonográfico norte-americano, a relação entre cultura e mercado já gerava em alguns rappers um sentimento de ambiguidade. Ao mesmo tempo que o mercado possibilitava a disseminação de elementos que eles reconheciam como legítimos e desejáveis, havia o temor, justificado, de que se perdesse o controle sobre a produção de significados. Essa tensão atravessa a história do hip-hop e segue viva até hoje, com implicações que serão discutidas ao longo deste livro.

Já em 1977, o músico Afrika Bambaataa havia criado a Zulu Nation, tida como a primeira organização comunitária do hip-hop. Bambaataa pretendia combater a violência entre gangues promovendo a competição por meio dos chamados "quatro elementos": DJ, MC, break e grafite. Bambaataa passou a defender a existência de um "quinto elemento" na cultura hip-hop: o conhecimento. A ideia é um contraponto à redução do rap a um produto de mercado, reforçando sua potencialidade como instrumento de transformação.

Nesse sentido, é preciso considerar um aspecto crucial dessa manifestação: sua ligação com as lutas do chamado movimento negro. Se a partir do fim dos anos 1980 o rap tendeu a se politizar, particularmente no que diz respeito às várias e perversas formas da desigualdade social e racial, nos anos anteriores as letras de rap não tratavam especialmente desses temas. Nem por isso o gênero deixava de ser um forte estruturador de movimentos pela valorização da identidade negra: a música, a dança, o estilo de se vestir são por si só produtores de significado.

Pensemos por exemplo no canto falado. David Toop e Tricia Rose, dois dos mais importantes estudiosos do rap, propõem uma longa lista das influências que teriam levado ao jeito particular de cantar que marca o gênero: música disco, street funk, Bo Diddley, cantores de bebop e blues, Cab Calloway, Pigmeat Markham, cômicos e sapateadores, The Last Poets, Gil Scott Heron, Muhammed Ali, grupos vocais a cappella, rimas de pular corda, cânticos e ditos da prisão e do Exército, *signifying* e *dozens*, Malcom X, os Panteras Negras, DJs de rádio dos anos 1950, particularmente Douglas "Jocko" Henderson, a cantora de soul Millie Jackson, até os griôs da Nigéria e da Gâmbia.[7]

Não é razoável imaginar que cada uma dessas supostas influências possa ser provada ou desmentida. São boas pistas, indicações inspiradoras, mas não mais que isso. Há no entanto um critério que parece atravessar todas as referências citadas: uma reivindicação de linhagem afro-americana, manifesta no elenco de ícones mobilizado. Se a maioria dos nomes mencionados é ligada à música e à poesia, a presença de líderes do movimento negro norte-americano, como Malcom X e os Panteras Negras, além da referência aos griôs africanos, explicita o recorte por assim dizer "racial" das abordagens.

O uso do termo "raça" demanda cuidado especial. Se há um razoável consenso científico sobre a não validade do conceito biológico de raça, nem por isso podemos simplesmente descartá-lo enquanto categoria social. Nesse sentido, é um marcador poderoso, que opera aquém e além das fronteiras nacionais.[8]

Em seu livro *O Atlântico negro*, o historiador Paul Gilroy reflete sobre a vitalidade que os gêneros da chamada *black music* ganharam ao redor do mundo. Segundo ele, há

> um fundo comum de experiências urbanas, pelo efeito de formas similares — mas de modo algum idênticas — de segregação racial, bem como pela memória da escravidão, um legado de africanismos e um estoque de experiências religiosas definidas por ambos. Deslocadas de suas condições originais de existência, as trilhas sonoras dessa irradiação cultural africano-americana alimentaram uma nova metafísica da negritude elaborada e instituída na Europa e em outros lugares dentro dos espaços clandestinos, alternativos e públicos constituídos em torno de uma cultura expressiva que era dominada pela música.[9]

Muitos gêneros musicais compõem a extensa trilha sonora do Atlântico negro — um conceito que valoriza a criação cultural em situação de diáspora. O rap tem a particularidade de ser um dos principais a discutir, por meio das letras e também pelo discurso dos artistas, temas como preconceito, violência e segregação racial e seus efeitos devastadores na sociedade, como a violência urbana. A partir do início dos anos 1980, muitos rappers passaram a escrever letras que alimentavam o que Afrika Bambaataa chamava de "quinto elemento": o conhecimento.

Um dos primeiros raps a adotar essa concepção foi "The Message", estreia em disco do veterano Grandmaster Flash. A letra descreve as condições precárias da vida em um bairro pobre na periferia de uma cidade norte-americana. O rapper brasileiro Thaíde conta que, mesmo sem entender inglês, percebeu pela tradução fácil do título desse rap que "havia algo por trás daquilo", uma *mensagem* que precisava ser compreendida.[10]

Mas a grande virada foi promovida pelo grupo Public Enemy, cujo primeiro disco foi lançado em 1987, com enorme sucesso de público e crítica. No ano seguinte, o grupo seguiu aprofundando seu posicionamento crítico ao lançar o disco *It Takes a Nation of Millions to Hold Us Back* [É preciso uma nação de milhões para nos segurar]. O título já era uma declaração política, que evoca a célebre frase do Racionais MC's, incluída no encarte de *Sobrevivendo no inferno*, de 1997: "Apoiados por mais de 50 mil manos". Convidado pelo cineasta Spike Lee a compor uma música especialmente para a trilha do filme *Faça a coisa certa* (1989), o Public Enemy veio com "Fight the Power", faixa que marcaria para sempre a história do rap, com os versos:

Elvis was a hero to most
But he never meant shit to me you see
Straight up racist that sucker was
Simple and plain
Mother fuck him and John Wayne
*Cause I'm Black and I'm proud**

*Tradução livre: "Elvis era um herói para a maioria/ Mas pra mim ele nunca significou nada, tá ligado/ Ele era um otário racista/ É simples assim/ Que ele se foda e o John Wayne também/ Porque eu sou negro e me orgulho disso".

O músico Elvis Presley e o ator John Wayne figuram no panteão dos grandes ídolos norte-americanos. Na letra do rap do Public Enemy, eles são vistos de maneira crítica, como ídolos para a população branca mas não para os negros. A realidade das lutas raciais e sociais nos Estados Unidos é muito diferente da do Brasil, mas não a ponto de impedir que a mensagem do Public Enemy repercutisse com enorme impacto também por aqui.

O rap é uma das manifestações musicais mais significativas do Atlântico negro, sendo ouvido e produzido atualmente no mundo todo. Os processos de transmissão, invenção ou reinvenção dessas manifestações culturais revelam tanto o "fundo comum de experiências" quanto os contornos particulares que adquirem localmente.

Quando o Public Enemy se apresentou em São Paulo, em 1991, o rap no Brasil já tinha alguma densidade. O público lotou o ginásio do Ibirapuera e, para esquentar a plateia antes da atração internacional, foi convidado um grupo de rap brasileiro que despontava com o mesmo tipo de discurso politizado. O Racionais MC's existia apenas desde 1988, mas já se impunha como o principal grupo de rap nacional. O gênero já não era propriamente uma novidade.

O pesquisador João Baptista de Jesus Felix propõe uma aproximação no Brasil entre o hip-hop e o movimento negro, desde a Frente Negra Brasileira e o Teatro Experimental do Negro até organizações mais recentes. Historicamente, o vínculo mais importante, destacado por Felix, é com a experiência das equipes de bailes black, que marcaram as décadas de 1970 e 80, na periferia de cidades como São Paulo e Rio de Janeiro.[11]

Essas equipes eram promotores de festas: alugavam os espaços, forneciam os equipamentos de som e os DJs e divulgavam o evento. É preciso considerar que esse trabalho, realizado em plena ditadura, criava oportunidades de encontro e diversão para uma parcela da população para a qual não era oferecida praticamente nenhuma opção de lazer. Felix argumenta que as festas black eram vivenciadas como uma "alternativa ao racismo cotidiano: eram uma oportunidade para experiências que podemos chamar de 'republicanas' — igualdade, liberdade e fraternidade".[12]

No Rio de Janeiro, os bailes black marcaram os jovens da periferia desde os anos 1970. Com pistas de dança improvisadas e poderosos equipamentos de som, dezenas de equipes promoviam festas nas periferias da cidade, tocando funk e, já nos anos 80, um pouco de rap. Segundo uma estimativa de Hermano Vianna, autor de um importante livro sobre o tema, cerca de 1 milhão de jovens cariocas frequentavam bailes todos os sábados e domingos, muitos deles promovidos pelas grandes equipes Soul Grand Prix e Furacão 2000.[13]

Em uma reportagem publicada no *Jornal do Brasil*, em julho de 1976, o movimento foi batizado de Black Rio, nome que veio a ser adotado pela banda liderada pelo saxofonista Oberdan Magalhães, produzida pela gravadora WEA. Influenciada pelo título da reportagem, a polícia política supôs que organizações de esquerda estariam por trás das equipes de som, apesar das recorrentes negativas dos promotores de bailes, o que levou a investigações e interrogatórios.[14] De fato, a aproximação dos bailes com os movimentos sociais seria posterior, tanto no Rio, onde o fenômeno dos bailes segue muito ativo, quanto em cidades como Porto Alegre, Belo Horizonte e São Paulo. E, apesar da voga da expressão "black rio", Vianna conta que os promotores e frequentadores de festas nas periferias da capital carioca tenderam a preferir termos como "funk" e "balanço". O autor diz ainda que as expressões "rap" e "hip-hop" tampouco eram usadas com frequência, as roupas e os passos dos dançarinos não tinham nada a ver com o estilo b-boy. Por isso ele sugere que "não se pode dizer que o mundo funk do Rio faça parte de uma cultura hip-hop".[15] Em outro estudo importante, também baseado na capital carioca, Micael Herschmann faz justamente o esforço de aproximar as duas manifestações, funk e hip-hop, considerando o que elas têm em comum.[16]

Em São Paulo, equipes como Os Carlos, Fórmula Um e Black Mad faziam festas na rua, em estacionamentos ou na porta de bares. Nas vitrolas, muito samba-rock, funk e soul. Equipes como Zimbabwe e Chic Show atingiram um grande nível de organização, chegaram a ter programas na rádio FM e adquiriram imóveis de grande porte para realização de suas festas. Durante anos, a Chic Show alugava regularmente o ginásio da Sociedade Esportiva Palmeiras, que comportava mais de 20 mil pessoas, para grandes bailes coroados com apresentações de artistas como Jorge Ben, Gilberto Gil,

Tim Maia e, mais tarde, atrações estrangeiras como James Brown e Kool Moe Dee, o primeiro rapper norte-americano a se apresentar no Brasil.

O circuito de frequentadores de bailes black na capital paulista incluía a região central da cidade. Muitos jovens se encontravam no viaduto do Chá e em frente ao magazine Mappin para trocar discos e flyers das festas, para as quais poderiam seguir juntos. Nos anos 1980 ainda não havia internet, e a circulação de produtos e informações era infinitamente mais restrita do que hoje. A convivência estimulava a troca de novidades sobre música e cultura negra. Alguém ouvira falar dos filmes *Wild Style* e *A loucura do ritmo*, que haviam estreado no Brasil e eram imperdíveis. Outra dica era ouvir a rádio Band FM ou ainda a Transamérica, que tocavam as novidades do rap norte-americano em determinados horários.

O break vinha havia alguns anos se popularizando, reaproveitado por campanhas publicitárias e incorporado nos clipes e shows de Michael Jackson, talvez o artista mais popular do planeta à época. O estilo robótico da dança tornou-se atração em boates como Tio Sam, na Zona Norte, e Fantasy, em Moema. O programa de Barros de Alencar, da Rede Record, criara um concurso semanal em que competiam equipes de break como Gang de Rua, Dragon Breakers e Furious Breakers. Outras emissoras de televisão também passaram a promover concursos de break, em programas como os de Augusto Liberato, no SBT. Nelson Triunfo, do grupo Funk Cia, também aparecia com frequência dançando em programas de televisão e foi convidado por Gilberto Gil a dançar no clipe da música "Funk-se quem puder". Em 1984, o break se tornou uma febre. Os dançarinos do Funk Cia participaram da abertura da novela *Partido Alto*, da Rede Globo. A música, cantada por Sandra de Sá, era um samba acompanhado por uma estranha batida de bateria que, de maneira tímida e desajeitada, procurava se aproximar da sonoridade daquela nova música.

Em dezenas de bairros da cidade, jovens praticavam os movimentos do break, sozinhos, em duplas, trios ou pequenas equipes. Seguindo o exemplo do filme *A loucura do ritmo*, colocavam pilha em seus aparelhos de som portáteis e vestiam-se com roupas esportivas de marcas como Adidas ou Nike, óculos escuros, faixas de cabeça ou bonés (ou ainda com luvas e jaquetas de couro, inspirados em Michael Jackson, ou adereços "futuristas" evocando os movimentos robóticos da dança). A rua Vinte e Quatro de Maio, no centro da cidade, tornou-se ponto de encontro de Nelson Triunfo e do grupo Funk Cia. Outros dançarinos e frequentadores de bailes black também passaram a "colar". Entre eles, Nino Brown, que mais tarde fundaria a Zulu Nation Brasil. Muitos jovens que trabalhavam como office boy transitavam por ali, aderindo ao movimento. A figura carismática de Nelson Triunfo e o talento dos dançarinos atraíam o interesse dos pedestres, que contribuíam dando algum dinheiro em um chapéu que circulava ao final das apresentações. As rodas de break eram frequentemente desmanchadas pela polícia, mas os b-boys venciam pelo cansaço.

Em 1985, o point dos b-boys se transferiu para a estação São Bento do metrô, também no centro da cidade. Além do átrio amplo e do piso liso, mais adequado que a calçada da Vinte e Quatro de Maio, o fato de ser uma estação de metrô carregava um alto valor simbólico. Afinal, as estações e os vagões do metrô nova-iorquino eram cenário para as cenas dos filmes *Wild Style* e *A loucura do ritmo*, que tanto haviam fascinado aquela geração. Todos os sábados à tarde, legiões de jovens se encontravam por lá. Usando um aparelho de som ou mesmo batucando nas latas de lixo, as "gangues" de b-boys passavam horas se desafiando em rachas de break.

A moda já não era novidade que interessasse aos programas de televisão, mas na estação São Bento a dança seguia sendo uma febre. O ponto era frequentado por punks, com quem os b-boys tiveram que negociar o uso do espaço. A relação com a administração do metrô nem sempre foi simples, mas a estação permaneceu fervilhante durante mais de sete anos como o coração do movimento hip-hop paulistano. O boca a boca trazia mais e mais gente, reunindo na São Bento jovens de dezenas de bairros. Inúmeras "gangues" se formaram, como Back Spin, Street Warriors, Nação Zulu e Crazy Crew, cada uma com suas cores e uniformes, sempre no *street wear*. O termo "gangue", usado pelos próprios jovens, não implicava na realização de baderna, crimes ou provocações — era uma maneira provocadora de se apropriar de um vocábulo que designava uma associação de pessoas. Os nomes em inglês indicam a conexão direta do break paulistano, ao menos naquele primeiro momento, com os filmes e a cultura norte-americana. A menção a Zulu em um único nome de gangue em português é sintomática de uma tendência que apenas engatinhava e que marcaria um segundo momento do hip-hop brasileiro, em que a politização de questões de identidade negra passaria a ocupar um lugar cada vez mais central.

A maioria dos frequentadores da São Bento eram rapazes entre quinze e pouco mais de vinte anos. As meninas, ainda que em minoria, também marcavam presença, e algumas chegaram a integrar gangues de break. Já na virada dos anos 1990 foram criadas versões femininas de algumas gangues, como a Jabaquara Breakers Girls — nome curioso, que mistura palavras em inglês a um nome de origem tupi de um bairro paulistano. Artistas que se tornariam muito conhecidos, como Thaíde e DJ Hum, Racionais MCs e a dupla de grafiteiros Os gêmeos, eram frequentadores assíduos dos encontros na estação. Além dos rachas de break, a São Bento funcionava como uma espécie de polo cultural do hip-hop. No documentário *Nos tempos da São Bento*, de Guilherme Botelho, o b-boy Marcelinho Back Spin conta que andava sempre com uma pasta cheia de recortes de jornal, fotos e outros documentos sobre hip-hop. É como se houvesse outro tipo de ra-

cha: a disputa por quem traria mais informações novas e interessantes. O quinto elemento, diria Afrika Bambaataa.

Atraídos pela vitalidade do movimento na São Bento, músicos do grupo Fábrica Fagus e cantores como Nasi, do grupo Ira!, e Skowa, passaram a frequentar a estação. Bem relacionados e com melhores condições econômicas, esses novos aliados articularam a produção de uma minissérie na TV Cultura, *Lucy Puma*, com a participação de vários b-boys e b-girls das gangues Back Spin e Nação Zulu. A TV Cultura convidou cerca de vinte dançarinos que haviam participado do programa para a festa de lançamento da série no Rio de Janeiro, em 1986. Foi o primeiro encontro de b-boys paulistas e cariocas, tendo nas pickups o jovem e ainda pouco conhecido DJ Malboro.

Entusiasmado com a experiência, Nasi convidou Thaíde, MC e b-boy da equipe Back Spin, a gravar uma faixa e apresentá-la na festa My Baby, promovida no Espaço Mambembe, no bairro do Paraíso. A gravação de "Consciência" foi produzida por Nasi e André Jung, baterista do Ira!, marcando o início de uma frutífera colaboração.

Pouco tempo depois, a gravadora Eldorado organizou uma coletânea com b-boys da São Bento que, além de dançar, também cantavam rap. *Hip Hop cultura de rua*, lançado em 1988, foi o primeiro disco de rap que ganharia repercussão nacional, vendendo mais de 30 mil cópias e se tornando referência para grande parte da produção posterior no gênero. O disco trazia músicas dos grupos O Credo e Código 13 e do MC Jack, produzidas por Dudu Marote e Akira S. Mas o maior destaque seria a dupla Thaíde e DJ Hum, autores da faixa de abertura, "Corpo fechado", que contou novamente com a produção de Nasi e André Jung. O primeiro som que se ouve é de uma caixinha de música, com uma melodia infantil e doce. Ela é interrompida pela entrada de um bumbo, dando início a um *beat* pesado de baixo e bateria, com *scratches* que compõem a introdução de oito compassos até que Thaíde co-

A estação São Bento no final dos anos 1980.

mece a cantar, de maneira provocadora: "Me atire uma pedra/ e eu te atiro uma granada". A letra de "Corpo fechado" é uma espécie de carta de apresentação e petição de princípios, em que se misturam referências ao candomblé, à vida difícil, à relação tensa com a polícia e à ética da favela.

Impulsionado pelo poder de divulgação da Eldorado, então a principal gravadora independente do Brasil, "Corpo fechado" teve sucesso razoável. Se não chegou a figurar nas listas das mais tocadas nas rádios, foi suficiente para levar Thaíde e DJ Hum a se apresentarem em várias cidades do país, como Brasília e Porto Alegre, dando o pontapé inicial na rede de trocas do rap nacional. Thaíde relata que logo no primeiro show em Brasília já conheceu rappers como GOG, DJ Raffa e o grupo Os Magrellos.

A gravadora Eldorado propôs o lançamento de um disco só de Thaíde e DJ Hum e, por escolha dos artistas, contaram novamente com Nasi e André Jung como produtores. O disco *Pergunte a quem conhece*, lançado em 1989, impulsionou a carreira da dupla.

Poucos meses depois de *Hip Hop cultura de rua*, outra coletânea de rap também chegaria ao mercado brasileiro, lançada por um pequeno selo independente, Zimbabwe, ligado à equipe de baile de mesmo nome, criada por William Santiago. *Consciência black vol. 1* trazia nove faixas de diferentes artistas. Entre elas, "Pânico na Zona Sul", de Mano Brown e Ice Blue, e "Beco sem saída", de Edi Rock e KL Jay — os quatro artistas que viriam a formar o grupo Racionais MC's. O caldo do rap nacional começava a se adensar.

Muitos dos rappers que participaram de *Consciência black vol. 1* eram também frequentadores da São Bento. Com a grande afluência de b-boys e skatistas, um grupo de pessoas que se interessavam mais pelo lado poético e político do hip-hop passou a se reunir na praça Roosevelt, também na região central da cidade. A estação São Bento continuou sendo o principal ponto de encontro dos b-boys, e a Roosevelt passou a sediar encontros de MCs e discussões sobre a história e a realidade atual dos negros e o papel do rap na denúncia dessas condições.

Da efervescência dos encontros na praça Roosevelt surgiu, ainda em 1988, o Sindicato Negro, organização tida como a primeira *posse* brasileira. Inspiradas no modelo da Zulu Nation, de Afrika Bambaataa, as posses são coletivos que reúnem MCs, DJs, breakers, grafiteiros ou simplesmente pessoas interessadas em rap e hip-hop para ações como shows, festas, campanhas de solidariedade, oficinas sobre os elementos do hip-hop, discussões e debates. Acolhendo de maneira espontânea todos os que frequentavam a praça Roosevelt, o Sindicato Negro acabou tendo dificuldade para se manter como organização e durou pouco tempo, mas fomentou a criação de muitas posses em outros bairros e cidades na periferia de São Paulo.

No extremo leste da capital paulista, mais de trinta grupos de rap da região marcaram encontro no Clube de Esporte e Lazer Cidade Tiradentes para organizar um festival. Os oito grupos que tivessem melhor desempenho nas apresentações seriam selecionados para participar de uma coletânea a ser lançada pelo selo independente Cash Box. Da efervescência dos encontros surgiu a ideia de criar uma posse, batizada de Aliança Negra, e os grupos passaram a se encontrar regularmente na Escola Municipal César Augusto Salgado.

O objetivo dos participantes era a promoção da cena do hip-hop local, visando a profissionalização dos grupos. *Aliança negra* foi também o nome escolhido para o LP, lançado no início dos anos 1990. Com o fim da gestão da prefeita Luiza Erundina, mudanças na direção da escola onde a posse se reunia impediram a continuidade dos encontros. Só em 1998 as atividades seriam retomadas, então com menos foco na carreira dos rappers e mais em atividades de formação ou de caráter social, como campanhas de informação sobre doenças sexualmente transmissíveis ou de arrecadação de alimentos e agasalhos. No ano 2000, a Aliança Negra ganhou o estatuto jurídico de organização não governamental (ONG) e passou a desenvolver projetos em parcerias com outras ONGs, como a Ação Educativa e o Kinoforum. Com muita dificuldade para garantir o financiamento de sua estrutura e de seus projetos, acabou encerrando suas atividades pouco depois.

Outra posse que surgiu com a desmobilização do Sindicato Negro foi a Conceitos de Rua, na região do Capão Redondo, na Zona Sul de São Paulo. Os encontros ocorriam na Escola Municipal Levy de Azevedo Sodré e reuniam integrantes dos grupos DMN e Racionais MC's. Com apoio da rádio comunitária Trans Black, a posse contribuiu de maneira significativa para a promoção do trabalho dos grupos de rap da região. Construiu parcerias com outras instituições, como a Fundação Abrinq e o Instituto Gol de Letra, também se constituiu como ONG e segue atuante até hoje.

O Capão Redondo, bairro que se tornou célebre nos anos 1990 pela triste razão de ter um dos mais altos índices de homicídio no país, hoje abriga diversas ONGs que, de um jeito ou de outro, se inspiram no exemplo da Conceitos de Rua, atuando entre a promoção do rap e a mobilização social. Organizações como Periferia Ativa e Negredo são responsáveis por um dos maiores e mais importantes eventos realizados na região: a festa *100% Favela*, que todo ano comemora o aniversário da favela Godói, com shows de rap que atraem milhares de pessoas. Já nos anos 2000, foram criadas a Associação Capão Cidadão, dirigida por Ione Dias, cunhada de Mano Brown, e a Associação Interferência, do rapper e escritor Ferréz, que atuam sobretudo com crianças, com atividades de arte-educação e reforço escolar.

A região do ABC paulista viveu um verdadeiro boom de rap. Dezenas de outras posses e coletivos (às vezes chamados

Capa do primeiro número da revista *Pode Crê!*

de "crews")* surgiram desde o início dos anos 1990, como a Posse Ativa, na Zona Norte, a posse Hausa, em São Bernardo do Campo, e a Negroatividade, em Santo André. Com maior ou menor apoio do poder público local, essas organizações fomentam atividades ligadas ao hip-hop e, muitas vezes, também cumprem papéis importantes como movimento social. Em 1999, o município de Diadema batizou um antigo centro cultural de Casa do Hip Hop, onde passaram a ser oferecidas regularmente oficinas de DJ, MC, break e grafite. Um dos líderes da iniciativa foi Nino Brown, detentor de um dos maiores acervos de hip-hop no país.

Em funcionamento desde 1988, o Geledés — Instituto da Mulher Negra oferecia um serviço chamado SOS Racismo. Em 1991, jovens rappers procuraram o instituto reclamando que muitas vezes suas apresentações eram interrompidas e interditadas de maneira violenta pela polícia. A partir dessa demanda, o Instituto criou juntamente com as bandas o projeto Rappers Geledés. Os artistas passaram a participar dos Fóruns de Denúncia e Conscientização do Programa de Direitos Humanos do Geledés, e foi criada a revista *Pode Crê!*, tida como o primeiro veículo segmentado para jovens negros e inspiração para iniciativas como a da revista *Raça Brasil*. A

*Uma crew é uma agremiação de pessoas com interesses comuns no rap. Em artigo de 1993, Sposito afirma que "a posse no Brasil, de acordo com seus integrantes, difere da crew norte-americana, formada para potencializar sobretudo a ação musical dos grupos, ao lado de algumas atividades comunitárias subsidiárias do interesse principal: shows beneficentes para creches ou moradores do bairro. A peculiaridade brasileira residiria no arco mais amplo de atividades, no seu caráter político e na sua preocupação com os aspectos de caráter organizativo" (1993, p. 170). Nenhum de meus informantes soube dizer a diferença entre os termos "crew" e "posse", mas tendo a concordar com a distinção sugerida por Sposito. Parece fazer mais sentido falar em posse para as agremiações brasileiras dos anos 1990, mais articuladas politicamente. Os coletivos com os quais travei contato (e que tendem a se denominar crews) ocupam-se mais com a produção e divulgação de seus projetos musicais. Sobre as posses dos anos 90, ver Felix (2005), além de Sposito (1993).

matéria de capa da primeira edição, em fevereiro de 1993, era uma entrevista com Mano Brown, do Racionais MCs.

Também em 1993, o Geledés ajudou a organizar a 1ª Mostra Nacional de Hip Hop, na estação São Bento. O point já não tinha a mesma frequentação, mas ainda guardava a reputação de polo de hip-hop. A mostra reuniu mais de trinta grupos de diferentes partes do Brasil e atraiu cerca de 5 mil pessoas. Depois de anos de relação instável com a administração do metrô, finalmente criou-se um termo de cessão do espaço da estação São Bento para as atividades culturais do break. Curiosamente, essa oficialização da ocupação do espaço se deu quando o movimento já estava arrefecendo no local. Esse esvaziamento não significava perda de força do hip-hop de maneira geral, bem pelo contrário; apenas indicava que o papel "centralizador" desempenhado pelos encontros semanais na São Bento já não era necessário: o movimento ganhara capilaridade e se espalhara pelos quatro cantos da cidade.

Mas, se a estação de metrô da capital paulistana foi durante vários anos o principal catalisador do hip-hop no Brasil, seria simplista afirmar que o rap nacional nasceu em São Paulo. Dezenas de cidades brasileiras viveram experiências importantes no que diz respeito aos "cinco elementos" do hip-hop ao longo dos anos 1980, 90 e 2000 — algumas delas serão destacadas mais adiante.

Entre as inúmeras posses e organizações ligadas ao hip-hop, talvez a que tenha ganhado maior expressão nacional, com filiais em vários estados brasileiros, tenha sido a Central Única das Favelas (Cufa), criada no Rio de Janeiro em 2000 pelo produtor Celso Athayde e pelos rappers Nega Gizza e MV Bill.

Entre 2000 e 2009, a Cufa realizou anualmente o prêmio Hutúz, que destacava artistas e organizações ligados ao hip-hop. O evento se tornou a principal instância de reconhecimento nacional para o gênero, revelando talentos e fazendo muita informação circular. Além das categorias mais comuns, como Disco do Ano ou Artista do Ano, o Hutúz também indicava o Destaque do Grafitti, Destaque do Break, além do prêmio Hip Hop Ciência e Conhecimento, celebrando a importância do chamado "quinto elemento". Nesta última categoria, foram premiadas ao longo dos anos iniciativas como as de Sérgio Vaz (poeta e criador da Cooperifa), Alessandro Buzo (escritor e dono da loja Suburbano Convicto) e Ferréz (escritor e criador da grife 1daSul).[17]

Em 2006, a Cufa fez barulho ao lançar o documentário *Falcão: meninos do tráfico*, dirigido por Athayde e MV Bill e exibido em capítulos durante o programa *Fantástico*, na Rede Globo. MV Bill também liderou a organização de um encontro de lideranças do hip-hop com o presidente Lula, em 2004. Dois anos depois, a Cufa voltaria a liderar um encontro de representantes de vários movimentos sociais com o presidente.

Tendo lançado diversos discos e se tornado um MC respeitado e conhecido, MV Bill várias vezes chegou a anunciar a criação de um partido político, o Partido Popular Para a Maioria (PPPomar), e cogitava se candidatar ao Senado. Poucas vezes o rap esteve tão próximo da política. De todo modo, com as posses, o rap — e sobretudo sua vertente mais politizada — ganhou institucionalidade.

Considerando as experiências mencionadas, nos Estados Unidos ou no Brasil, parece redutor pensar o rap apenas como um gênero musical entre outros. Vale a pena fazer uma pergunta que pode parecer estranha, e mesmo detestável: "Rap é música?".

Ao falar de música e, por extensão, de gêneros musicais, não devemos tratá-los como categorias autônomas e cheias de sentido, mas como categorias relacionais — algo que não se entende por si mesmo, e sim na relação com alguma outra coisa. Se fizermos um rápido exercício de imaginação histórica, todos seremos capazes de lembrar exemplos de manifestações musicais que foram acusadas, em algum momento, de "não ser música". A visão estereotipada do detrator das novas músicas é um "velhinho", que dirá, nos anos 1960, "rock não é música", e nos anos 1970, "punk não é música". Voltando para o início do século XX, o tal velhinho teria dito que a *Sagração da primavera*, de Igor Stravinsky, "não era música". Em suma, as definições de música variam no tempo — e, claro, também no espaço.

Esse é um problema importante para a etnomusicologia (que é, para simplificar, uma disciplina oriunda da antropologia e da chamada musicologia comparada). Afinal, o próprio termo "etnomusicologia" supõe que exista algo chamado "música" que pode ser estudado no contexto de diferentes "etnias". Importantes autores como John Blacking, Anthony Seeger e Bruno Nettl são unânimes ao constatar que, mesmo que todas as sociedades humanas conhecidas possuam aquilo que musicólogos treinados reconhecem como música, em muitas não há uma palavra para música. Ou seja, o conceito é construído socialmente e não tem validade universal.

Em grande medida, os gêneros musicais também são constructos, e não valores em si. Podemos dizer que são rótulos aplicados segundo critérios que são menos "musicais" que "comerciais" — é preciso escolher uma prateleira para expor o disco na loja — ou, em sentido mais amplo, "sociais".

No século XIX, o mercado da música era orientado sobretudo pela venda de partituras, e o costume ditava que o gênero da peça fosse indicado na capa. No Brasil, por exemplo, polca, maxixe, tango e tango brasileiro eram denominações que muitas vezes poderiam se referir a músicas muito parecidas entre si. O uso de um ou outro nome tinha mais a ver com a vontade do compositor (ou do editor de partituras) de parecer mais internacional ou mais "típico". No início do século XX, boa parte dessas manifestações musicais passou a caber sob os guarda-chuvas do gênero samba, então içado à condição de música nacional.[18]

É claro que existem diferenças relativas a padrões rítmicos, ao uso de determinadas escalas ou de tais e tais instrumentos. Mas elas raramente bastam para definir um "gênero musical". Pois façamos aqui o exercício de tentar entender o rap como gênero, considerando seus aspectos estritamente "musicais", como a constituição das bases (ou *beats*) e a maneira de usar a voz.

A primeira lição que rimadores experientes transmitem aos iniciantes, de maneira informal ou nas oficinas de MC, trata do padrão rítmico da base sobre a qual serão construídas as rimas, o "bum-clap". A ideia é que a escansão* dos versos seja calcada na levada dos *breakbeats* (no geral tiradas de disco de funk e soul) e construída com bumbo ("bum") no primeiro e terceiro tempos e caixa ("clap") no segundo e quarto tempos do compasso quaternário. As rimas frequentemente acontecem no quarto tempo de cada par de compassos (ou oito tempos), como no exemplo a seguir, tirado do rap "Nome de meninas", de Pepeu, lançado pela equipe Kaskatas em meados da década de 1980:

* "Escandir" é pronunciar as palavras considerando (ou destacando) a acentuação das sílabas.

1	2	3	4
Fiquei sabe-	endo tem um	tal de pe-	peu
que canta ra-	ap bem me-	lhor do que	eu

Cada verso acima corresponde a um compasso de quatro tempos. As sílabas sublinhadas coincidem com cada um dos tempos do compasso, sendo que, no segundo tempo de cada compasso, o acento sobre as sílabas ("ben" — de sa*ben*do; e "rap") se deu em antecipação de semicolcheia. É claro que isso é apenas a estrutura formal, sobre a qual muitas variações rítmicas são possíveis, sempre buscando a rima a cada par de compassos. A importância das rimas no rap é tão grande que o verbo "rimar" é usado como sinônimo de "cantar". "Rimar" parece ser o verbo que melhor define a ação dos MCs: eles não cantam nem falam, mas rimam.

Adam Bradley, professor na Universidade do Colorado e estudioso do rap como forma de poesia, propõe que as rimas mais comuns no rap são rimas "de final", que caem no último tempo do compasso, sinalizando o término da linha poética.[19] Esse jeito de organizar as rimas lembra um formato muito recorrente em várias partes do mundo e que no Brasil é conhecido vulgarmente como "quadrinha": estrofes de quatro versos, sendo mais comum que a rima ocorra apenas entre o segundo e o quarto versos (ABCB).

Ainda que a ideia do "bum-clap" oriente os MCs na construção das rimas, é aceitável e mesmo comum que os versos durem mais do que quatro tempos e o "encaixe" seja poeticamente irregular. O que importa é que o modo de rimar seja orientado por esse *beat* inexistente, mesmo que o extrapole.

O termo consagrado para falar sobre essa maneira pela qual um MC escande as palavras é "flow". Em inglês, a palavra quer dizer corrente ou fluxo e, metaforicamente, remete à fluidez com que o improvisador encadeia suas rimas. No Brasil, rappers usam ainda o termo "levada", que, além de significar também uma "torrente d'água", tem a particularidade de ser usado por músicos em geral para designar o ritmo do acompanhamento: uma levada de bateria, uma levada de violão.

Para qualificar o *flow*, assim como qualquer levada musical, usa-se correntemente a ideia de suingue. Trata-se de uma tradução do inglês *swing*, que denomina o estilo do jazz norte-americano dos anos 1930 e 40. Segundo o *Cambridge International Dictionary of English*, trata-se de "um ritmo forte com notas de duração desigual". Como a própria definição sugere, o estilo é marcadamente sincopado. Apesar de ser em si um conceito polêmico,[20] podemos aqui nos contentar com a definição de síncope oferecida pelo *Dictionnaire de la musique*, de Marc Honneger, como efeito de ruptura que se produz no discurso musical quando a regularidade da acentuação é quebrada pelo deslocamento do acento rítmico esperado.

Essas "durações desiguais" ou esse "efeito de ruptura" causam uma surpresa prazerosa, incitando o ouvinte a "preencher o tempo vazio com a marcação corporal — palmas, meneios, balanço [...] Sua força magnética, compulsiva mesmo, vem do impulso (provocado pelo vazio rítmico) de se completar a ausência do tempo com a dinâmica do movimento no espaço".[21]

Quando pensamos no *flow* do rap, estamos falando da maneira sincopada ou suingada de escandir palavras. Um verso de rap é produto de um tipo de ritmo (aquele da linguagem) sendo ajustado a outro (o da música) — algo como uma levada da fala, uma fala cadenciada, ritmada.

O tema da relação entre a fala e o canto foi amplamente tratado pelo músico e estudioso da canção Luiz Tatit, que, ao buscar analisar a gestualidade oral do cancionista, propôs o conceito de *dicção*.[22] Para ele, o ponto crucial de tensividade

— o X da questão nas canções — está no encontro da continuidade com a segmentação da melodia.*

Na música cantada, o que apoia a exploração da continuidade e da segmentação é o uso de vogais e consoantes, respectivamente. As vogais permitem o prolongamento da emissão, estabelecendo alturas definidas. Com as vogais, um som pode ser mantido no tempo: sustentando a passagem do ar pelas membranas (ou "cordas") vocais e fazendo-as vibrar. A boca bem aberta produzirá a vogal A; uma boca fazendo "biquinho" produzirá a vogal U, e assim por diante. As várias consoantes, que combinam o uso dos lábios, da glote, da língua e da cavidade nasal,** interrompem esse fluxo e marcam os pontos de início e final das figuras rítmicas (colcheias, semicolcheias etc). Segundo Tatit, um compositor que privilegia a segmentação dos ataques consonantais está reforçando os aspectos rítmicos e investindo em um discurso *cheio de ação.* É o que acontece na parte A da música "Garota de Ipanema", de Tom Jobim e Vinicius de Morais, em que o caminhar de uma menina é descrito: "Olha que coisa mais linda/ Mais cheia de graça/ É ela menina/ Que vem e que passa". Para Tatit, essa é a dicção *temática.*

Ao preferir a continuidade do gesto melódico, prolongando as vogais, reforça-se o elemento passional, sugerindo um

*Esse encontro também pode ser descrito como o uso cruzado de dois parâmetros: altura e duração. A física propõe quatro parâmetros pelos quais podemos analisar o som: altura, duração, timbre e intensidade (força na sua emissão). Em *O som e o sentido*, José Miguel Wisnik explica que as diferenças entre os sons se dão na conjugação dos parâmetros e no interior de cada um (as durações produzem as figuras rítmicas; as alturas, os movimentos melódicos; os timbres, a multiplicação colorística das vozes; as intensidades, as quinas e curvas de força na sua emissão). Podemos afirmar que na música os dois parâmetros que são usados com precisão são altura e duração. Intensidade e timbre são também importantes, mas não têm a mesma centralidade.

**A produção mecânica dos fonemas foi amplamente estudada por linguistas, permitindo a criação do alfabeto fonético internacional (que realiza o registro escrito da pronúncia de todas as línguas).

estado de espírito. Na parte B da música "Garota de Ipanema", a vogal A é prolongada, intensificando o sentimento do sujeito que canta: "Ah, por que estou tão sozinho?/ Ah, por que tudo é tão triste?/ Ah, a beleza que existe". Nesse exemplo, além do prolongamento da vogal, há um aumento de intensidade emocional, à medida que a melodia vai passando, para registros mais agudos no espectro das alturas. Eis um bom exemplo de dicção *passional*.

No rap, é muito raro, se não impensável, que se estenda a duração de uma vogal, como é tão corrente na maioria dos gêneros de poesia cantada.* O procedimento só tem sentido em melodias que exploram as alturas, construindo um discurso verbal atrelado a um fluxo melódico que, no limite, independe de palavras e pode ser assobiado — e esse não é o caso do gênero em questão. Além disso, o rap tende mais a descrever percursos e experiências do que traduzir estados de alma — o que pode ser comprovado facilmente sobrevoando seu "cancioneiro". Podemos imaginar a parte A de "Garota de Ipanema" cantada na forma de um rap, mas nunca a parte B.

Usando os conceitos de Luiz Tatit, podemos afirmar que o gênero rap dispensa a passionalização, utilizando mais frequentemente procedimentos de tematização. Mas Tatit trabalha ainda com um terceiro conceito para pensar a *dicção* na canção popular: a *figurativização*. Trata-se do esforço de "naturalidade" no canto, o gesto que procura manter o vínculo entre o canto e a fala: "A impressão de que a linha melódica poderia ser uma inflexão entoativa da linguagem verbal cria um sentimento de verdade enunciativa, facilmente revertido em aumento de confiança do ouvinte no cancionista".[23]

Isso explica, ao menos em parte, porque no rap é tão valorizada a ideia de que haja "verdade" no que é cantado.

*Exceção são os refrões melódicos, frequentemente cantados por vozes femininas — caso que será tratado adiante.

Para Walter Garcia, "a forma do rap pode ser considerada o protótipo da figurativização [...] pois o foco de atenção do ouvinte recairá sobre a voz 'que canta porque diz e que diz porque canta',[24] ficando em segundo plano o apelo à dança ou a emoção sugerida por uma melodia sentimental".[25] A importância da ideia de "verdade" ou "autenticidade" no rap será discutida um pouco mais adiante.

Mas é preciso dizer que ao MC cabe talvez 50% da responsabilidade pelo rap. Os outros cinquenta são incumbência do DJ, que não só toca ao vivo como produz a base musical sobre a qual o MC vai rimar. O processo de criação de uma base geralmente começa inspirado por uma música preexistente. Esse é aliás um procedimento comum a grande parte dos estilos de música: uma composição muitas vezes nasce sob a inspiração de outra. Isso pode significar aproveitar um pequeno trecho melódico, um acorde ou ainda um instrumento ou um pequeno conjunto de instrumentos. Basta ler notas de programa antes do concerto de uma orquestra para ver que os compositores estão sempre reaproveitando ideias de outros compositores.

A criação de um sample é uma seleção: escolhe-se um pequeno trecho, que pode durar alguns compassos ou apenas um segundo. Às vezes esse trecho já traz baixo, bateria e algum instrumento melódico. Às vezes o sample original escolhido trará apenas um som, que pode ser um piano ou uma voz. Em todo caso, esse trecho deverá ser suficientemente interessante para justificar sua repetição durante toda — ou quase toda — a duração da música. A musicóloga Susan McClary defende que a repetição cíclica é a principal característica da música do final do século XX — algo que, segundo ela, o rap e outras músicas populares dançantes compartilham com o minimalismo, a corrente mais consagrada da música ocidental dita "culta", adotada por compositores como Steve Reich e Philip Glass.[26]

Esse primeiro sample selecionado e inserido em um loop

será objeto de diversos tipos de intervenção. Efeitos de eco, mudanças de *pitch* (altura), espacialização — as possibilidades hoje são praticamente infinitas. Outros sons serão acrescentados, alguns tocados por instrumentos tradicionais, outros programados em computador, outros ainda serão novos samples, aproveitados de diferentes discos.

Uma característica formal do rap, não necessariamente obrigatória, mas bastante comum, é a ausência de refrão. A forma canção mais recorrente, que tem sua origem na grande tradição dos *Lieder* alemães, mas também na *chanson* francesa, é dividida em duas partes: A e B, ou ainda, estrofe e refrão. Uma boa parte das canções que conhecemos tem sua organização formal inspirada nessa ideia básica. Segundo José Miguel Wisnik, o refrão é o alívio das tensões geradas pelas estrofes. É o momento em que os indíviduos se transformam em coletividade.[27] Todos carregamos lembranças de momentos em que nos deixamos embarcar no canto coletivo durante um show, quando chega a hora de um refrão conhecido e querido.

Ao evitar os refrões, o rap se mantém constantemente em tensão. Considerando que os raps costumam ter duração significativamente maior que a das canções populares de outros estilos (em geral em torno de três minutos), é verdade que "escutar um rap é passar dez minutos com a respiração suspensa",[28] como bem disse o sociólogo Tiarajú D'Andrea.

É claro que esse não é o único elemento a criar tensão: existem muitas outras músicas sem refrão que não são necessariamente tensas como o rap. A predominância do modo menor e de sonoridades dissonantes,[29] o recurso a sons de tiros e sirenes e a virulência dos *scratches*, com seu timbre ardido (afinal, na origem o *scratch* é um arranhão), são alguns dos motivos "típicos" que contribuem para a consolidação do gênero. Mas a verdade é que muitos outros elementos entram em jogo, e hoje o rap é tão plural que se torna difícil caracterizá-lo sem fazer caricatura.

A distinção entre abordagens "internalistas" ou "externalistas" marca tendências na crítica da cultura. No primeiro caso se enquadram análises tipicamente "formalistas" ou "musicológicas", que pouco ou nada consideram sobre as condições sociais de produção da obra e do artista (seu contexto histórico, a biografia do autor, sua recepção). No outro extremo, estão as análises de cunho sociológico que tendem a fazer exatamente o contrário, retirando a ênfase do objeto estético. Eis aqui um verdadeiro nó teórico-metodológico, que deve ser enfrentado não como um impasse a ser resolvido, e sim como uma rica *problemática*.

Qual o melhor caminho para tentar responder à pergunta se "rap é música ou não"? Considerando aspectos internos da linguagem musical, o uso restrito das alturas no canto falado e a ausência de instrumentos musicais tradicionais (o DJ "toca" vitrolas) são duas razões pelas quais o rap é por vezes questionado enquanto gênero musical. Mas antes de comentar essas acusações, vale levantar uma lebre: será que é suficiente analisar o rap enfocando apenas os aspectos "internos" de sua linguagem estética?

A etnomusicologia mais recente traz contribuições interessantes para a discussão dos termos em que se pode pensar sobre o que é ou não é música. Bruno Nettl afirma que "se a música pode ser definida, ela não pode facilmente ser circunscrita, suas fronteiras são turvas e pode-se aceitar alguns fenômenos como ao mesmo tempo música e alguma outra coisa, esta última usualmente sendo linguagem".[30] Anthony Seeger propõe um quadro no qual sugere um "continuum entre sons e movimentos não intencionais e não estruturados até performances cuidadosamente planejadas e altamente estruturadas". Para ele, "as sociedades variam em suas definições de gêneros específicos de vocalização (do arroto à canção), movimento (de um tropeço à dança) e música instrumental (de uma pancada a um solo de bateria ou da vibração aleatória de uma corda às vibrações intencionais de um instrumento de cordas)".[31]

No caso do rap, a precariedade no uso das alturas pode ser entendida não apenas em sua negatividade, mas também como uma afirmação de estilo. É isso afinal que explica a centralidade que ganha a autoria da letra. Em outros gêneros de música popular cantada, é bastante frequente que se valorize o intérprete mais do que o compositor. Já no rap, pode-se afirmar que letrista e intérprete se confundem praticamente na totalidade das situações.

Quanto à suposta ausência de instrumentos musicais, o argumento é tão curto que nem mereceria resposta. Em todo caso, bastaria lembrar que, pelo menos desde os anos 1940, em experiências como a música concreta, de início capitaneada por Pierre Schaeffer, na França, e da música eletrônica, impulsionada por Karlheinz Stockhausen, na Alemanha, gravadores e sintetizadores foram incorporados às práticas composicionais e interpretativas dos expoentes da chamada "música culta".

Se nada disso foi suficiente para argumentar que o rap é música, bastaria assumir como prova cabal o fato de que ele seja experienciado como tal por seus produtores e ouvintes. Na definição do grande compositor italiano Luciano Berio, "música é tudo aquilo que ouvimos com a intenção de ouvir música".

Mas há algo muito singular no rap como música. Quando Afrika Bambaataa defende a importância do "quinto elemento" no hip-hop, o conhecimento, sua preocupação é chamar atenção para o fato de que a música deve ser um instrumento de transformação. Nesse sentido, o rap não é um gênero musical "como outros" — afinal, muitos rappers reivindicam que o que fazem não é "apenas música". Ou seja: não pode, por definição, ser compreendido só por seus elementos "internos".

Aqui vale um recuo para pensar o caso específico da música de concerto de tradição europeia — de todas as artes, aquela sobre a qual se formulou o mais radical e eficaz discurso de "autonomização". A pedra fundamental dessa filosofia foram os escritos de Eduard Hanslick, influente crítico germânico do século XIX,[32] que defendia que o belo na música é algo de especificamente *musical*, que não necessitaria de nenhum *conteúdo externo*.

Hanslick reagia à tendência dos críticos da época de atribuir valor a uma obra musical em função dos sentimentos que eles experimentavam ao escutá-la. Ora, diz ele, em certos momentos, uma peça musical comove-nos até as lágrimas, outras vezes, deixa-nos frios, e milhares de outras coisas exteriores podem bastar para modificar ou anular seu efeito. Se os sentimentos do ouvinte fossem a melhor maneira para entender uma peça musical, por que não considerar que um bilhete de loteria ou um boletim médico são comparáveis a sinfonias?

Hanslick argumenta que "nas investigações estéticas, se deve inquirir o objeto belo, e não o sujeito que sente". Essa é a motivação que o leva a postular a *autonomia do musical*, afirmando que "a consideração estética não pode apoiar-se em circunstância alguma que resida fora da obra de arte".[33]

Mas precisamos lembrar que a música que informava Hanslick era sobretudo a música de tradição germânica, produzida nas cortes do império austro-húngaro entre os séculos XVIII e início do XIX. Pensemos em Johann Sebastian Bach, pensemos nos mestres vienenses (Mozart/ Haydn/ Beethoven) e em Johannes Brahms. Note-se ainda que essa mesma tradição estivera, durante séculos, totalmente a serviço da liturgia cristã — ou seja, não era música "autônoma", e sim música com uma finalidade bastante específica: servir aos rituais da Igreja. Bach não compunha simplesmente segundo sua inspiração íntima ou seu projeto estético, mas atendendo a encomendas para uma "Missa" ou uma "Paixão", homenageando uma princesa ou um imperador.

A proposta de considerar a música em seus próprios termos foi fundamental para o desenvolvimento da musicologia como uma disciplina retrospectiva, que retornava aos textos originais dos compositores — as partituras — como algo para além da história, para além do contexto social em que foi composto e interpretado.

A ideia da música pura viria a ser declinada em uma série de formulações que vigoram até os nossos dias: música *séria*, *universal*, *culta*, *artística*, *erudita*, e, mais comumente, *clássica*. A crítica mais comum a esta última categoria está ligada ao fato de que o termo "clássico" se refere a um período específico da história da música europeia, qual seja, a segunda metade do século XVIII — em particular na corte vienense. Metonimicamente, passou a designar o conjunto da música escrita, de tradição camerística e sinfônica — seja ela estilisticamente romântica, moderna, neoclássica ou serial. Essa imprecisão é sintomática. A remissão ao termo clássico confere estatuto de antiguidade e perenidade: não só o "clássico" é antigo, como permanece sempre atual, está "além do tempo". Consideremos ainda que a expressão "música clássica" só ganha sentido na relação sugerida (implícita ou explicitamente) com seu *outro*: a música popular. Esta, segundo a mesma lógica, seria, por oposição, recente e perecível.

A tradição musical de povos considerados "primitivos" — ameríndios, pigmeus, javaneses — poderia ser digna de estudo, pois ajudaria a entender mais sobre sua estrutura política ou sua cosmologia. A música popular urbana poderia ser um bom objeto de estudo para quem quisesse entender como o capitalismo forçosamente leva a sociedade para o embrutecimento cultural e para a "regressão da audição", como chamou o filósofo Theodor Adorno. Enquanto música *autônoma*, não despertava grande interesse.

O caso do rap é singularmente oposto ao da música dita "clássica". É uma tradição musical que surge reivindicando sua definição como "algo mais que música". Nos mesmos anos em que o rap se afirmou como gênero musical, trabalhos acadêmicos na área da musicologia e da etnomusicologia trouxeram novas e importantes contribuições para as questões discutidas aqui. A chamada nova musicologia tendeu a deslocar a ênfase da pesquisa aos usos sociais da música, no passado e no presente, questionando a ideia de que haja uma música "pura", que pode ser plenamente entendida para além de sua existência social. A música, qualquer música, sempre "está no mundo", nunca é completamente autônoma.

O compositor norte-americano Charles Ives gostava de repetir uma frase que atribuía a seu pai: "Não preste atenção demais nos sons, ou você corre o risco de não ouvir a música". Afrika Bambaataa tenderia a concordar, já que a provocação de Ives não deixa de ser um reforço para a importância do "quinto elemento".

Pensar o rap apenas como um gênero musical parece ser reduzi-lo a apenas uma de suas dimensões. Certamente, não é o único estilo de música a atuar "para além da música", e, como já vimos, música nunca é "apenas música". Talvez a particularidade do rap seja reivindicar de modo explícito o fato de que "está no mundo".

Em 1990, "Ice Ice Baby", de Vanilla Ice, foi o primeiro rap a atingir o topo das paradas da Billboard. O sucesso do artista provocou indignação de grande parte dos rappers e da comunidade hip-hop. Não era a primeira vez que um músico de pele branca cantava rap. Desde 1985, o grupo Beastie Boys, que surgira como banda de hardcore formada exclusivamente por músicos brancos, incorporou o canto falado do rap e se tornou um enorme sucesso, vendendo milhões de cópias de seus discos. O incômodo com Vanilla Ice tinha a ver com a incompatibilidade entre seu visual de galã, com um topete loiro enorme, e sua estratégia de marketing, em que ele contava histórias sobre sua ligação com bairros negros pobres. Esse suposto histórico de pertencimento a bairros desfavorecidos e predominantemente negros funcionava como fator de legitimação da incursão de um músico branco no gênero. Num artigo no *Dallas Morning News*, o rapper foi acusado de haver mentido sobre sua história de vida, sendo na verdade originário de uma família de classe média.

Tão rápido quanto surgira na cena do showbiz norte-americano, Vanilla Ice sumiu. Depois de uma retirada estratégica, o rapper voltou a gravar e se apresentar, sem grande destaque. Até hoje, mais de vinte anos depois, ele mantém em seu site um texto no qual explica: "Música não deveria ser sobre imagem. Música deve ser sobre música! Aprendi isso do jeito mais difícil. O novo Vanilla Ice é exatamente isto: nenhuma imagem, nenhum truque ou artifício criado por gravadoras. Nunca mais serei uma marionete da indústria. De agora em diante serei eu mesmo e vou manter só a verdade".

O caso de Vanilla Ice é emblemático. A atuação de rappers brancos, sem vínculo com as comunidades pobres que estiveram na origem do rap, acabou sendo determinante para a disseminação do gênero. Segundo Tricia Rose, assim como o jazz, o blues e o rock, todas manifestações originalmente lideradas por músicos negros, o rap só se tornou massivamente popular ao atingir as "camadas brancas" da sociedade. Afinal, "artistas brancos que imitam estilos negros acabam tendo maiores oportunidades econômicas e acesso a públicos mais amplos".[34]

Na virada para os anos 1990, o rap norte-americano se tornou um produto extremamente lucrativo e passou a ocupar os espaços centrais dos grandes conglomerados da mídia, tanto na televisão quanto no cinema, nas rádios e na indústria fonográfica. Um fato marcante foi a criação, em 1988, do programa *Yo Raps*, na MTV, que rapidamente conquistou milhares de adolescentes norte-americanos, brancos, negros ou de qualquer cor, cujas histórias de vida pouco ou nada tinham a ver com a experiência do Bronx no início dos anos 1970. Também em 1988, o grupo Run DMC lançou a música "Walk This Way", gravada em parceria com os roqueiros do Aerosmith. A mistura com o rock facilitou a assimilação das novidades e a faixa se tornou um enorme sucesso.

A trajetória dos primeiros rappers no Brasil tende a validar, ao menos parcialmente, a hipótese de Tricia Rose. O primeiro disco de Gabriel O Pensador, lançado pela Sony Music, vendeu mais de 200 mil cópias nos meses que seguiram seu lançamento, em 1993, com divulgação em programas como *Domingão do Faustão* e *Fantástico*, na Rede Globo. Na época, houve uma certa polêmica em torno dele, e discutia-se sua legitimidade ao fazer rap porque ele seria "branco e classe média". Filho de uma jornalista da Globo e enteado de um ator também global, Gabriel ainda era estudante na PUC do Rio quando compôs seus primeiros raps, marcados por letras com algum conteúdo de crítica social. Basta lembrar dos títulos: "Tô feliz (matei o presidente)", "Lôra Burra" e "Retrato de um playboy (Juventude perdida)". Este último, bastante ácido nas imagens que tece sobre seu protagonista, é todo em primeira pessoa: "Sou playboy, filhinho de papai", e pode ser interpretado como uma estratégia para se esquivar das presumíveis acusações de "falta de legitimidade".

Depois da era mítica em que o rap surgiu nas festas de rua no Bronx, o gênero passaria por inúmeras reinvenções. À sua maneira, Gabriel O Pensador contribuiu para a consolidação da popularidade do rap no Brasil. Ao mesmo tempo que ocupou espaços por assim dizer centrais na indústria do entretenimento, ficou relativamente à margem nas esferas de reconhecimento próprias do gênero, como rádios comunitárias, palcos de periferia e o discurso dos demais artistas. Muitos rappers e DJs dizem que o que Gabriel O Pensador faz "não é rap".

Assim como a pergunta "rap é ou não é música" pode render discussões significativas, a pergunta se "tal música é ou não é rap" também pode. Um episódio curioso, ainda em 1979, pode nos servir para uma reflexão nesse sentido.

Com o sucesso internacional de "Rapper's Delight", do Sugarhill Gang, o ator e produtor Miele chegou a gravar uma versão brasileira para a canção, com o título "O melô do tagarela". Miele aproveitou elementos da base musical de "Rapper's Delight" e mimetizou a maneira de cantar dos americanos, que chama de tagarelas por causa do jeito de cantar falando. A letra em português reclama do preço da gasolina e faz várias menções a questões que podem ser consideradas *políticas* — cita inclusive os dois partidos políticos em atuação durante a ditadura, Arena e MDB, dizendo que é "tanta sigla, tanta letra e a coisa continua preta". Seu canto é bem-humorado, no registro da paródia e da brincadeira, evocando o estilo que será adotado por Gabriel O Pensador já nos anos 1990.

Miele em nada corresponde ao estereótipo do rapper e nunca teve vínculo algum com os chamados cinco elementos do hip-hop. O fonograma é uma espécie de alienígena, um ponto fora da curva, e que não gerou frutos. Mas os jovens que frequentavam bailes black — e não entendiam as letras cantadas em inglês — adotaram a expressão "tagarela" para designar tanto o MC quanto o estilo musical do rap.

Em 1984, o grupo Eletric Boogies, formado por cinco adolescentes negros, tornou-se muito popular, apresentando-se nos programas de maior audiência da televisão, como o programa da Xuxa, então na TV Manchete, e participando de shows com artistas da MPB como Djavan e Caetano Veloso. O break tinha se tornado realmente uma mania. Até nas páginas do gibi da Turma da Mônica os personagens apareciam com roupas meio robóticas, fazendo os célebres movimentos do estilo.

Ao longo da década, alguns produtores seguiram arriscando versões nacionais para a "nova música" dos Estados Unidos: grupos de break como Black Juniors, Original Vila Box e um grupo só de meninas, Buffalo Girls, que lançou o compacto "Quero dançar o break". Raramente, fosse no discurso dos artistas ou no dos jornalistas, falava-se em identidade negra ou cultura de periferia. Os discos eram lançados e funcionavam como produto para divulgação, mas não se falava em rap: a música era secundária em relação à dança. As gravações já traziam bases de *breakbeats* e o estilo de canto falado que é a marca distintiva do rap, mas o nome usado para o gênero era apenas break.

Na segunda metade da década de 1980, a palavra "rap" foi aos poucos entrando no vocabulário dos jovens músicos e produtores. Além dos já citados *Balanço do jacaré* e *Nome de meninas*, foram lançados os discos *A ousadia do rap*, *O som das ruas* e *Situation rap*.

No que diz respeito à expansão do gênero no Brasil, é digna de nota a opção frequente entre rappers pela utilização de termos sem tradução, tais como "hip-hop", "rap", "MC" e "DJ", além de "flow" e "beat". A antropóloga Manuela Carneiro da Cunha nos oferece uma reflexão poderosa a esse respeito, baseada em uma observação do linguista Roman Jakobson, para quem nenhum elemento de um vocabulário é de fato intraduzível de uma língua para outra. Afinal, é sempre possível recorrer a neologismos ou aproveitar termos da língua

Electric Boogies

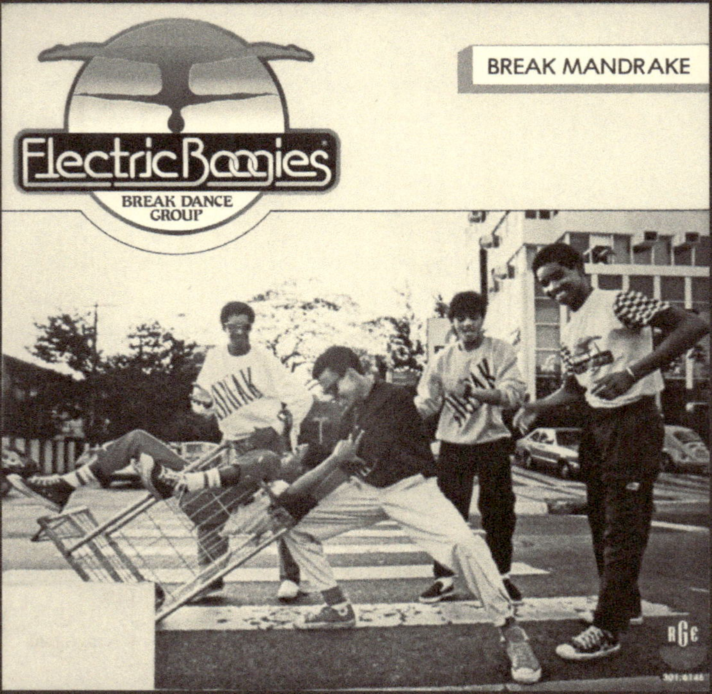

vernácula. Seguir usando o termo de empréstimo é uma opção deliberada, que sinaliza o desejo de manter explícita a conexão com uma cultura estrangeira.[35]

A adoção dos termos em inglês não é um processo automático e implica sempre em uma apropriação local. Vimos como, no início dos anos 80, as músicas norte-americanas que hoje conhecemos como rap foram apelidadas de "tagarela". Pouco tempo depois, a expressão "break" passou a designar a música e dança, indistintamente. Foi só na segunda metade dos anos 1980 que a palavra "rap" foi plenamente adotada, com algumas alterações com relação à sua pronúncia na língua inglesa (ræp) — que no Brasil passou a ser pronunciada rép ('hæp), com o fonema "r" sendo produzido na garganta e de maneira aspirada, como "h" e não "r". Da mesma maneira, hip-hop se pronuncia com o sotaque brasileiro. A menção às adaptações fonéticas serve para destacar o fato de que dificilmente pode haver cópia sem interpretação. O argumento de que rap é *copiado* dos norte-americanos costuma vir carregado de conotação pejorativa, baseado em um conceito de cultura que presssupõe a existência de um "original", situado no tempo e no espaço.

Em ensaios como "Nacional por subtração" e "As ideias fora do lugar", o sociólogo Roberto Schwarz comenta como a questão da "cópia" aparece regularmente em diversas esferas de produção artística e intelectual. "Brasileiros e latino-americanos fazemos constantemente a experiência do caráter postiço, inautêntico, imitado da vida cultural que levamos. Essa experiência tem sido um dado formador de nossa reflexão crítica desde os tempos da Independência."[36] Isso porque, antes da Independência, o problema da cópia nem sequer se colocava: não copiávamos porque éramos a própria metrópole, apenas em chave dominada. Ele cita a célebre frase que abre o livro *Raízes do Brasil*, de Sérgio Buarque de Holanda, em que o historiador lembra que tantas vezes nos sentimos "desterrados em nossa própria terra".

Schwarz mostra que é como uma "neurose", um problema do qual não conseguimos nos livrar. O esforço de não copiar é tão nocivo quanto o esforço de copiar, nenhum dos dois funciona, pois estão orientados pela mesma questão neurótica. Diz o autor: "A vida cultural tem dinamismos próprios, de que a eventual originalidade, bem como a falta dela, são elementos entre outros. A questão da cópia não é falsa, desde que tratada pragmaticamente, de um ponto de vista estético é político, e liberta da mitológica exigência da criação a partir do nada".[37]

A cada vez mais volumosa produção bibliográfica sobre rap, muitas vezes produzida por autores que estão ou estiveram mergulhados no mundo do hip-hop, está cheia de menções à influência que o rap nacional recebeu da experiência norte-americana. No geral, o problema da cópia não se coloca. A relação dos rappers brasileiros com seus pares do hemisfério norte é descomplexada, ao mesmo tempo que cheia de admiração. Mais do que o tabu da cópia, o rap brasileiro nos anos 1980 buscou lidar com o desafio de inventar sua própria tradição. Em um dos livros que se tornou referência no estudo do hip-hop no Brasil, as autoras Janaina Rocha, Mirella Domenich e Patrícia Casseano defendem que "o uso dessa expressão (hip-hop) ganhou o mundo, novas dimensões, e hoje, no Brasil, designa basicamente uma manifestação cultural das periferias das grandes cidades, que envolve distintas representações artísticas de cunho contestatório".[38] Podemos dizer que essa acabou se tornando a definição hegemônica de rap no Brasil. Muitos artistas contribuíram para esse processo, mas provavelmente nenhum grupo causou impacto comparável ao Racionais MC's.

Função fática da linguagem é aquela que tem por objetivo o estabelecimento da comunicação entre quem fala e quem escuta. Numa ligação telefônica, dizemos "oi" ou "alô", então falamos nosso nome ou perguntamos "quem é", e, no mais das vezes, fazemos perguntas como "tudo bem?". Espera-se uma resposta positiva: "Sim, tudo bem", e a partir daí a conversa de fato pode começar.

Na abertura de "Pânico na Zona Sul", primeira faixa do primeiro disco do Racionais MC's, *Holocausto urbano* (1990), Edi Rock apresenta os integrantes do grupo: "Ice Blue, Mano Brown, KL Jay e eu". Ele então pergunta: "E aí, Mano Brown, certo?". A resposta que ouve não é trivial: "Certo não está, né, mano? E os inocentes? Quem os trará de volta?".

Criado em 1988, o Racionais rapidamente se firmou como o principal grupo de rap no Brasil. Desde 1984, Edivaldo Pereira Alves (Edi Rock) e Kleber Geraldo Lelis Simões (KL Jay) organizavam bailes e festas nas quebradas da Zona Norte. Na mesma época, os primos Pedro Paulo Soares Pereira (Mano Brown) e Paulo Eduardo Salvador (Ice Blue), moradores do Capão Redondo, na Zona Sul, haviam criado a dupla B.B. Boys (Black Bad Boys) e frequentavam o movimento no metrô São Bento. Por sugestão do produtor cultural Milton Sales, as duas duplas se uniram e criaram o grupo Racionais MC's, cujo nome foi inspirado no lendário disco de Tim Maia, *Racional*. Sales foi uma espécie de ideólogo e produtor do grupo nos primeiros anos, e o próprio Mano Brown atribui a ele a politização do discurso e da atuação dos integrantes do Racionais.

Se Mano Brown e Edi Rock dividem de maneira equilibrada a autoria das letras, foi o primeiro quem acabou por tomar o lugar de liderança no que diz respeito à imagem do grupo. Mais que isso, Brown ocupa uma centralidade no rap que dificilmente encontra igual nos outros gêneros de música. Sua declaração de princípios na abertura do primeiro disco — "não está tudo bem" — dizia muito sobre o posicionamento do grupo e, por extensão, do chamado "rap nacional" diante da indústria cultural.*

Os três primeiros discos do Racionais (*Holocausto urbano*, de 1990, *Escolha seu caminho*, de 1992, e *Raio X do Brasil*, de 1993) foram produzidos, lançados e distribuídos pelo selo Zimbabwe, de William Santiago, fundador da equipe de baile de mesmo nome. Por meio de intensa divulgação nas dezenas de rádios comunitárias da periferia e de centenas de apresentações em clubes, casas de show e vários tipos de palcos improvisados nas "quebradas", o Racionais causou um impacto difícil de dimensionar na juventude das favelas e periferias do Brasil.

No início década de 1990, o país vivia uma espécie de ressaca dos anos de ditadura civil-militar. A militância política, ligada ao sindicalismo ou às organizações eclesiásticas de base, muito ativa nas periferias dos grandes centros urbanos (e notadamente no ABC paulista) no final dos anos 1970 e ao longo dos anos 80, arrefecera ou mudara de foco. Os sucessivos episódios de violência policial, que assustavam tanto quanto ou mais que os outros índices de violência urbana, ganharam triste notoriedade com tragédias como as chacinas do presídio do Carandiru, da igreja da Candelária e da favela de Vigário Geral. Com a queda do Muro de Berlim e a derrocada dos regimes comunistas, o discurso triunfalista do mercado e as teologias da prosperidade passaram a invadir sem freios todas as esferas da sociabilidade. A redemocratização no Brasil nada teve de tranquila, contradizendo o discurso oficial dos militares e sua promessa de uma abertura "lenta, gradual e segura".

Na cultura, o momento também marcava uma transformação importante na economia geral dos gêneros musicais no Brasil. Em um artigo muito perspicaz, o etnomusicólogo Car-

* O conceito adorniano é aqui usado de maneira "ampla". Penso em grandes gravadoras, grande mídia etc.

los Sandroni sugere que, nos anos 70, ouvir MPB "implicava eleger certo universo de valores e referências" que traziam embutidas certas "concepções republicanas cristalizadas, mesmo nos casos em que a letra passava longe da política".[39] Nos anos de ditadura, apesar da truculência dos militares e do conservadorismo de sua política, a MPB (e a produção cultural de maneira geral) encontrou maneiras de manter-se ativa, inteligente, arejada, renovando costumes e, muitas vezes, propondo soluções estéticas radicais. O primeiro período do regime militar (1964-8) permitiu (ou mesmo pactuou com) o florescimento de uma produção francamente "esquerdista" na cultura.[40] Mas, mesmo após o recrudescimento da ditadura com a implementação do temível Ato Institucional nº 5, a produção musical da chamada MPB encontrou meios de se manter vigorosa, ganhando ainda mais força uma vez que passara a ser, vez por outra, censurada.

Com a abertura política, diz Sandroni, a sigla passou a ser adotada de modo mais amplo, tendo seu sentido diluído e tornando-se, sobretudo, uma etiqueta de mercado: o nome da prateleira em que seriam alocados discos de determinados artistas. Em suma, perde sua unidade político-estética e vira uma espécie de saco de gatos. Por essa razão, o título do artigo de Sandroni é "Adeus à MPB".

É nesse momento candente que o Racionais surge, captando a experiência brasileira com sua lente original, "falando da violência de modo violento", como bem definiu Walter Garcia.[41] A MPB se notabilizara pela ironia sutil e pela sofisticação das melodias. Diante da crueza da realidade das periferias paulistanas, o rap do Racionais preferia o *papo reto*: a hipótese do sociólogo Tiarajú Pablo D'Andrea é que "o horror da realidade não permitia mediações".*

*Entre as muitas contribuições de Tiarajú Pablo D'Andrea está uma rica discussão sobre como a forma musical do rap e a violência como tema se fundem (2013, pp. 248-51).

Nos últimos anos, proliferaram os estudos sobre rap, tanto na academia quanto por autores da chamada literatura marginal, e também nessa produção escrita o Racionais ocupa um papel de enorme destaque. Parte significativa dessa bibliografia concorda ao sugerir que a façanha do Racionais e, por extensão, do rap nacional, foi fazer música reivindicando identidades de raça e de classe e convertendo "humilhação em orgulho".[42] Ao descrever a periferia "de forma positiva, como o espaço da igualdade e da solidariedade, firmadas na miséria e apesar da violência",[43] os rappers puderam "simbolizar a experiência de desamparo destes milhões de periféricos urbanos [e] forçar a barra para que a cara deles [dos jovens da periferia] seja definitivamente incluída no retrato atual do país (um retrato que ainda se pretende doce, gentil, miscigenado)".[44] Veremos mais adiante como isso constituía uma grande novidade no panorama cultural e político do Brasil.

Em 1992, a Secretaria Municipal de Educação de São Paulo, na gestão de Luiza Erundina, reconhecendo a força do movimento, propôs que alguns rappers — entre os quais os Racionais — realizassem uma série de palestras sobre temas como drogas, racismo e violência policial em escolas da rede pública. O projeto, batizado de Rapensando a Educação, viria a ser reproduzido por dezenas de municípios brasileiros ao longo dos anos seguintes.

Mas a relação do rap com o poder público sempre carregou uma grande ambiguidade. Se por um lado há momentos de aproximação, conflitos com a polícia também são uma marca do gênero. Em novembro de 1994, uma apresentação do Racionais em palco no vale do Anhangabaú foi interrompida pela polícia militar e os integrantes do grupo foram detidos e levados ao 3º Distrito Policial, onde prestaram depoimento e permaneceram por mais de três horas. Os policiais alegaram que as letras das músicas do grupo "incitam a violência". A detenção ocorreu enquanto o Racionais cantava "Homem na estrada", que traz o verso: "Não acredito na polícia, raça do caralho".

Anos depois, em 2007, um novo e violento conflito com a polícia interromperia o show do Racionais na praça da Sé durante a primeira edição da Virada Cultural, em São Paulo. Segundo relatos, o conflito teria se iniciado quando a polícia exigiu que algumas pessoas descessem do teto de uma banca de jornal, onde haviam subido horas antes para acompanhar os shows do palco de rap. Os espectadores se recusaram a descer e foram agredidos pela polícia com bombas de efeito moral e golpes de cassetete, dando início a uma briga violenta. A música parou e Mano Brown discursou pedindo calma: "Tem várias coisa que nós não gosta aí no mundo e a gente é obrigado a conviver. [...] Tá tranquilo, tá suave. [...] Vamos preservar a vida. [...] Sem nenhuma rebeldia desnecessária, vamos usar a inteligência. Você vê polícia todo dia, e não é hoje que você vai causar".

A plateia começou um coro "ei, polícia, vai tomar no cu". Alguns provocavam os policiais, atirando pedras e garrafas. A PM atacou com bombas de borracha e gás lacrimogênio, ferindo gravemente algumas pessoas e provocando correria. Do palco, Mano Brown tentava conter a multidão: "Se afasta da polícia, fica parado no lugar, se segura. Aí: várias família. Deixa os polícia do lado de lá e tá tudo certo". O show acabou sendo interrompido, a briga se alastrou por outras ruas e causou também a interrupção das apresentações em dois outros palcos da região.

Nos anos seguintes, a prefeitura diminuiu a presença do rap na programação da Virada Cultural, convidando menos artistas e os programando em palcos menores e mais afastados. O Racionais só voltaria a se apresentar no evento em 2013.

A posição do Racionais com relação ao poder público, ou o Estado de direito, é carregada de ambiguidade. Na introdução ao samba "Gente da gente", do Negritude Júnior, Brown se define como "bicho solto longe do crime". Já em "Hey Boy", o eu lírico criado por Brown diz: "Muitas vezes não tem jeito, a solução é roubar". Em entrevista à revista *Rap Nacional* publicada em 2012, Brown fez declarações elogiosas a Marcola, tido como chefe do PCC (Primeiro Comando da Capital), organização que se entende como o "partido do crime", comparando-o a Carlos Marighella, líder da guerrilha urbana assassinado pela ditadura civil-militar em 1969.

Uma das músicas mais famosas e marcantes de Mano Brown é "Diário de um detento", sobre o terrível massacre do Carandiru, em que 111 presos foram assassinados pelo batalhão de choque da Polícia Militar durante uma rebelião. O rap foi escrito em parceria com Jocenir, que estava preso na época e presenciou a tragédia. O vigor de "Diário de um detento" só é explicável por essa proximidade do sujeito que canta com o que é cantado. Como diria Mano Brown em "Negro drama", lançada em 2002

Eu não li, eu não assisti
Eu vivo o negro drama, eu sou o negro drama
Eu sou o fruto do negro drama

Há aqui um intrincado nó, para o qual este livro não buscará desenlace, mas apenas problematização. Em muitas letras do Racionais, assim como em muitos depoimentos dos integrantes do grupo, o tema do crime é tratado de maneira ambivalente. Jornalistas e críticos conservadores imediatamente reagem acusando os rappers de "apologia do crime". Essa também é muitas vezes a reação da polícia que, como vimos, pelo menos em duas ocasiões protagonizou graves conflitos com o público do Racionais.

Na entrevista à *Rap Nacional*, Mano Brown declarou: "Se for pra escolher [um rótulo], é esse que eu gosto, gangsta — mas rótulo é perigoso". A expressão, inspirada na maneira como seria pronunciada a palavra "gangster" no inglês vernáculo afro-americano, designa tanto o estilo das batidas e o conteúdo das letras quanto um tipo de comportamento de seus autores/ intérpretes. De fato, rótulos são perigosos. Por um lado, porque seus sentidos são inconstantes e, por outro, porque também os artistas podem querer alterar a direção de suas carreiras, de suas opções estéticas e políticas. Mas, assumindo as limitações da rotulação gangsta, é possível dizer que essa foi a tendência principal à qual o Racionais se dedicou, e veio a se tornar a linha hegemônica do rap nacional. O gênero gangsta será tratado em detalhe adiante.

Em janeiro de 2005, um fã foi assassinado na plateia durante um show do Racionais em Bauru. Três semanas depois do crime, rappers dos quatro cantos da cidade reuniram-se no salão Green Express, na região central de São Paulo, atendendo a um chamado de Mano Brown. Na fala de abertura, o rapper disse que o objetivo da reunião era deixar clara a separação entre rap e crime. Uma reportagem publicada em número especial da revista *Caros Amigos* registra trechos do debate.[45] Brown teria declarado se arrepender de algumas músicas que falavam sobre crime, como "Eu sou 157", cujo refrão é: "Hoje eu sou ladrão/ Artigo 157/ As cachorra me amam/ Os playboy se derretem". Ele indicou a intenção de retirá-la do repertório do Racionais, alegando que muita gente só ouve o refrão e não pega a mensagem.

A ambiguidade da letra de "Eu sou 157", no entanto, não está apenas no refrão — é algo estrutural. E tampouco bastaria excluí-la dos shows: o repertório do Racionais está todo atravessado por músicas que colocam em suspenso a ordem social da "legalidade", e é isso que dá força à sua produção. Brown diagnosticava um problema importante, sem ter uma solução a seu alcance. De fato, "Eu sou 157" rapidamente voltaria a ser interpretada pelo Racionais.

Em sua tese de doutorado sobre violência urbana, a antropóloga Paula Miraglia demonstra como a violência

> entra e sai da vida de pessoas que não têm nenhum tipo de vínculo formal com a criminalidade organizada, às vezes com uma sutileza perversa, acionando praticamente todas as esferas da vida em comunidade a ponto de ser tomada como um grande pano de fundo para a própria existência.[46]

A decisão de convocar uma reunião de debate após o assassinato no show do Racionais é um indício da preocupação em atuar para além do campo restrito da "música de entretenimento".

Em 1995, Mano Brown gravou uma participação no samba "Gente da gente", do grupo Negritude Júnior, lançado pela EMI e sucesso nacional com mais de 500 mil cópias vendidas. Dois anos depois, o Racionais lançou o CD *Sobrevivendo no inferno*, licenciado pelo selo Costa Nostra, criado pelo grupo, e vendeu mais de 1 milhão de cópias. Com esse disco, o Racionais alcançou uma grande projeção nacional e passou a ser destaque também nos circuitos centrais da indústria do entretenimento.

Depois do sucesso de *Sobrevivendo no inferno*, o grupo assinou contrato de distribuição com a Sony. "É inviável administrar a vendagem de 1 milhão de cópias", declarou Ice Blue sobre a parceria.[47] O Racionais vivia na pele a contradição entre ser uma *cultura de rua* e, ao mesmo tempo, ser um valioso *produto de mercado*. Os erros e acertos do Racionais — e dos demais rappers dos anos 1990 — serviriam de inspiração para artistas da chamada nova escola que, no final dos anos 2000, teriam sucesso na criação de novos sistemas de gestão do rap como *negócio*.

Se muitos artistas tendem a aceitar qualquer convite para aparição na televisão ou na imprensa, visando a promoção de seu trabalho, o Racionais preferia manter distância dos grandes circuitos promocionais. É um caso absolutamente singular entre artistas de música popular: passou vinte anos sem contratar serviços de assessoria de imprensa, só criou um site oficial em 2014 e tende a recusar a maior parte dos pedidos de entrevista e dos convites para aparição em programas de televisão. Foi fora dos espaços tradicionais da exposição midiática que o Racionais se tornou a referência central no rap nacional.

O grupo talvez não tivesse previsto essa trajetória, mas teve que passar a lidar com o fato de fazer parte do mercado brasileiro de música e as ambiguidades de sua posição. Em

1997, o clipe de "Diário de um detento" foi indicado para as principais categorias do prêmio Video Music Brasil (VMB), promovido pelo canal de música MTV. O Racionais aceitou o convite para a cerimônia de premiação, que tinha como apresentador o músico baiano Carlinhos Brown.

Quando a vitória do Racionais na principal categoria da noite foi anunciada, as câmeras da MTV dirigiram-se para os bastidores, onde os integrantes do grupo e uma comitiva de cerca de quarenta pessoas comemoravam a notícia. Impossível distinguir um dos Racionais no meio do bolo humano. A transmissão da premiação era ao vivo, e os produtores da MTV pediam que os artistas caminhassem até o púlpito, onde receberiam o prêmio e diriam suas palavras de agradecimento. Quase dois minutos depois, uma eternidade para o tempo da televisão, os quatro membros do Racionais estavam reunidos no palco.

O apresentador Carlinhos Brown vestia uma sobrepele vermelha e brilhante que o cobria dos pés à cabeça, além de um par de asas e uma espécie de cocar, ambos feitos de plumas negras. Ele passou a palavra aos MCs, que se recusavam a olhar para o apresentador e não falavam nada, constrangidos e gerando constrangimento. Carlinhos Brown tentou mais uma vez fazer-se notar: repetiu o nome do prêmio e ergueu o troféu ostensivamente diante dos integrantes do grupo. A comitiva que acompanhava o Racionais passou a insultar o apresentador com o coro: "Filho da puta! Filho da puta!". Mano Brown regia o coro com as mãos. Carlinhos Brown diz: "O rap é muito bom, né? Olha o vocabulário". Então é interrompido por Ice Blue, que finalmente começa o discurso de agradecimento. "Esse prêmio que a gente ganhou é de vários manos como esses aqui", diz, indicando as pessoas que os acompanhavam nos bastidores. "Essa rapaziada aqui, tudo descendente de preto".

Depois de Blue, quem falou foi KL Jay: "Nos lugar mais longe da cidade, nos lugar mais distante do país, meu povo não tem TV a cabo nem o conversor pra pegar a MTV e assistir *Yo Rap* e assistir isso aqui que tá acontecendo. Mas mesmo assim, esse prêmio vai pra todo o meu povo que veio da África, enriqueceu a Europa e a América do Norte. E o que sobrou pra nós foi as favela, foi as cadeia...". Nesse momento, KL Jay é interrompido por Carlinhos Brown, que começa a cantar, com a voz firme:

Sou personificado pelo fenômeno da natureza
E de certo modo tornam-se sincréticas
Temos também outras divindades
Proclamadas Olorum
Que para nós não é pessoa
A seguir o universo de todos os orixás

Pelourinho que ontem atuou
É visitado hoje por muita gente de cor
Pelourinho que ontem atuou
Fotografado hoje por muita gente de cor

O apresentador canta com o cenho franzido e se dirige ao grupo que pouco antes o havia insultado, apontando o dedo como se estivesse dando uma lição de moral. Em seguida, aproxima-se de KL Jay ainda gesticulando e apontando os dedos, coloca as mãos em concha em torno dos ouvidos do DJ e canta fonemas sem sentido: "tê, tê tê bom". Parte do público aplaude e KL Jay retoma a palavra, repetindo basicamente o que havia dito antes. Por fim, Mano Brown e Edi Rock também fazem seus agradecimentos.

O líder do Racionais e o artista baiano escolheram o mesmo sobrenome artístico: Brown, que em inglês quer dizer "marrom" e remete a um dos principais nomes do funk, James Brown. Marrom é a cor da mestiçagem — entre o negro e o branco —, um conceito central para pensar a história do Brasil. Se compartilham o sobrenome, Mano e Carlinhos têm visões antagônicas sobre o significado da mestiçagem brasileira, e a experiência da premiação da MTV foi uma espécie de encenação desse conflito.

A hostilidade entre o apresentador e os membros do Racionais era evidente desde o começo, e ganhou sentido quando Carlinhos Brown interrompeu o discurso de KL Jay. Enquanto para o Racionais as coisas "não estão certas", o músico baiano apresenta uma visão conciliatória próxima de um tipo de formulação bastante conhecida na tradição do pensamento social brasileiro, conhecida como "mito da democracia racial".[48]

A ideia acompanha pensadores desde pelo menos o início do século XIX. Vencedor de um concurso sobre "Como se deve escrever a história do Brasil", promovido pelo Instituto Histórico e Geográfico em 1847, o alemão Von Martius talvez tenha sido o primeiro a difundir a ideia de que esse país "que tanto promete" seria o resultado "do encontro, da mescla, das relações mútuas e mudanças dessas três raças", a saber: "a de cor de cobre ou americana, a branca ou caucasiana, e enfim a preta ou etiópica". Ainda no século XIX, o crítico Sílvio Romero recuperaria a ideia da fusão das três raças em sua célebre formulação: "Todo brasileiro é um mestiço, quando não no sangue, nas ideias".[49] A citação será parafraseada por Gilberto Freyre algumas décadas depois, na abertura do quarto capítulo de seu clássico *Casa-grande & senzala*. A ideia forte a reter é a de que essa mistura se faz "naturalmente", sem conflitos.

A novidade do Racionais foi criar um processo identitário poderoso fora da chave "nacional-patriótica" que havia marcado tanto a experiência da chamada *axé music* quanto do samba carioca, para ficar em apenas dois exemplos, no campo da música popular. Ainda que simplificando um pouco, pode-se dizer que a favela cantada nos sambas cariocas facilmente se convertia em símbolo da alegria brasileira, em registro festivo e ufanista.[50] Em um dado momento no rap

"Racistas otários", lançado no primeiro disco do Racionais, uma voz pomposa diz a seguinte frase: "O Brasil é um país de clima tropical onde as raças se misturam naturalmente e não há preconceito racial". Em seguida, ouve-se uma gargalhada sarcástica — um comentário eloquente da visão do Racionais sobre o mito da democracia racial.

A visão do Racionais sobre a mestiçagem brasileira só pode ser entendida no cruzamento de "raça" com a categoria "classe social". O problema da desigualdade racial não pode ser entendido se não for cruzado com a questão da desigualdade social — o racismo atinge principalmente as famílias pobres. Mas a letra de "Racistas otários" explica que o pobre preto ou pardo é ainda mais vítima de discriminação que o branco:

O sistema é racista, cruel
levam cada vez mais irmãos aos bancos dos réus
os sociólogos preferem ser imparciais
e dizem ser financeiro nosso dilema
mas se analisarmos bem mais você descobre
que negro e branco pobre se parecem mas não são iguais

O refrão articula cor e classe social em uma formulação poderosa:

racistas otários nos deixem em paz
pois as famílias pobres não aguentam mais

Walter Garcia, talvez o principal especialista em Racionais na Academia, propõe que as letras do grupo comunicam experiências concretamente vividas pela comunidade ou pela classe social do rapper. Como se todos os raps do grupo, de um jeito ou de outro, fossem escritos na primeira pessoa, seja do singular ou do plural (eu/ nós).[51] Edi Rock e Mano Brown assumem essa condição nos poderosos versos de seu rap "Negro drama".

O negro drama é ao mesmo tempo racial e social, e a posição de classe acaba por flexionar a condição negra: é isso que faz Mano Brown diferente de Carlinhos Brown. No final do século passado, o conceito de classe social parecia bastante desgastado, associado às leituras mais rasteiras da teoria marxista. Não cabe entrar nessa seara, mas não é possível falar de rap sem considerar essa dimensão. Classe social pode ser entendida como "grupo social definido, de um lado, pela quantidade de riqueza apropriada e, de outro, por três dimensões de identidade: temporal, cultural e coletiva".[52] As letras do Racionais atacam a perpetuação da desigualdade, o racismo, a violência policial e outras mazelas da sociedade brasileira. E o fazem assumindo um posicionamento claro numa estrutura de classes, em franca oposição ao que eles próprios entendem como classe dominante.

Rompendo com a versão conciliatória do pacto social brasileiro, o Racionais assumiu nos seus primeiros anos uma posição que propõe o enfrentamento de classes e, por isso, pode ser considerada revolucionária. São muitas as letras que descrevem o playboy, figura que encarna o jovem rico, como inimigo. Em "Fim de semana no parque", Edi Rock canta:

Olha quanta gente
Tem sorveteria cinema piscina quente
Olha quanto boy, olha quanta mina
Afoga essa vaca dentro da piscina

São raros os exemplos na música brasileira de provocações tão agressivas e ameaçadoras. O registro da luta de classes reaparece num dos principais sucessos do CD *Sobrevivendo no inferno*, de 1997, "Capítulo 4, Versículo 3". Os últimos versos do rap de Mano Brown são claros:

Seu comercial de TV não me engana
Eu não preciso de status nem fama
Seu carro e sua grana já não me seduz
E nem a sua puta de olhos azuis
Eu sou apenas um rapaz latino-americano
Apoiado por mais de cinquenta mil manos

A recusa a símbolos da burguesia (status e fama, carro e grana) é coroada pela agressão verbal à mulher cuja cor dos olhos revela ascendência europeia e, por dedução, pertencimento às classes dominantes. A conclusão, citando um célebre verso de Belchior (cuja continuação é "sem dinheiro no bolso"), reforça o conteúdo de classe: os manos são muitos. No encarte do mesmo CD, uma foto traz os integrantes do

Racionais MC's

grupo retratados na favela, acompanhados de uma multidão de homens. A legenda da imagem recupera o verso da canção: "Apoiados por mais de cinquenta mil manos".

Não se trata apenas de um discurso presente na produção artística do grupo, mas também de um modo de ação ou inserção social — recusa renitente aos convites da grande mídia e aos contratos publicitários, fidelidade aos meios de produção (gravadoras, mídia, espaços de apresentação) de sua própria classe.

O Racionais construiu sua trajetória sem depender dos mecanismos "centrais" de produção. E, mesmo que isso não estivesse nos planos dos integrantes do grupo, acabou por tornar-se central no cenário da música brasileira. Ao longo dos últimos 25 anos, manter-se firme em uma posição de classe e ao mesmo tempo participar do mercado da música implicou lidar constantemente com as contradições de um conjunto complexo de escolhas e recusas.

Já em *Raio X do Brasil*, lançado em 1993, o grupo contou com uma produção musical que "não era da favela" (os irmãos Newton e Wander Carneiro, do estúdio Atelier). O disco vendeu mais de 80 mil cópias, ganhando ouvintes nas classes médias e passando a chamar a atenção da grande mídia.

Em 1994, o Racionais se apresentou no Columbia, na época uma boate badalada dos Jardins, frequentada pelo público endinheirado da região. Em reportagem publicada na *Folha de S.Paulo*,[53] Brown afirmou que havia cantado lá "contra sua vontade", para em seguida dizer: "Não vou sair dizendo pra playboyzada: 'Não escuta nossas músicas'. Mas deixo bem escuro — e não claro — que a música que faço é para o povo de periferia".

Na mesma época, uma reportagem sobre o grupo publicada na revista *Veja*[54] trazia o seguinte (e impressionante) título: "Pretos, pobres e raivosos". Quinze anos depois, em dezembro de 2009, Mano Brown foi capa da revista *Rolling Stone*. O texto, intitulado "Eminência parda", tinha como foco uma suposta mudança de comportamento de Mano Brown, que teria se tornado mais brando e tolerante. Podemos também dizer, em tom provocativo: mais branco e tolerante.* Brown reconhece ter realizado algo como uma autocrítica, por meio da qual reviu seu posicionamento anterior. Na entrevista para a revista *Rap Nacional*, em 2012, o rapper vai mais longe na sua reflexão:

> O Brasil vive um momento novo e nós temos que saber atuar em cima desse momento. Está sobrando um pouco mais de dinheiro, a informação está chegando mais rápido. [...] O rap carrega certo estigma, acho que foi a pior coisa que eu criei. [...] Quando a gente criou o símbolo do Racionais, no final dos anos 1980, era um outro mundo [...] Não tem como você esticar o chiclete 25 anos falando das mesmas coisas, como se elas não tivessem mudado.

Essa argumentação buscava explicar a mudança no comportamento do grupo e, em específico, a atuação dos membros individualmente. Em 2007, em editorial na *Folha de S. Paulo*, Fernando Barros e Silva considerou "um acontecimento" a participação de Mano Brown no programa *Roda Viva*, da TV Cultura. O espanto do jornalista dá a dimensão de quão arredio era o MC aos convites da grande mídia. Vale notar que os entrevistadores não conseguiram conter sua admiração por Brown e, algo embasbacados, acabaram por tratá-lo com certa complacência ao não questionar declara-

*Comparando o título das reportagens, ele passou de "preto" a "pardo". Para que o trocadilho não nuble a discussão sobre racismo, vale remeter à leitura da entrevista de Mano Brown na *Rolling Stone*, na qual defende que "os 'pardos' não usufruem do recente fortalecimento da autoestima do povo negro". Ele diz ainda: "No Brasil, você não vê gente da minha cor fazendo comercial, fazendo nada. Se eu não fosse o Mano Brown, seria invisível na rua". Ou seja, Brown defende que os pardos sofrem mais preconceito que os negros — e, nesse sentido, seriam "mais negros que os negros" e não, como sugiro na provocação, "mais brancos".

ções como: "Falar de traficante é foda, é como se tivéssemos falando dos nossos... Vamos parar de usar o termo 'traficante' e usar 'comerciante'". A afirmação, polêmica, passou batida. O tema será retomado quando falarmos do gangsta rap. Veremos também como, mais recentemente, a posição geral do Racionais em relação à mídia passou por importantes transformações, tornando-se mais flexível. Dos quatro Racionais, Brown é o que permanece mais arredio, o que talvez explique, ao menos parcialmente, o receio dos jornalistas nas raras oportunidades que têm de entrevistá-lo. O resultado é o enfraquecimento, quando não a ausência completa, do debate.

A parceria com a Sony depois de *Sobrevivendo no inferno* durou pouco, e em 2002 o grupo lançou novamente de maneira independente o CD duplo *Nada como um dia após o outro dia*. A foto da capa mostra um homem encostado em um carrão, com uma garrafa de champanhe e uma taça a seus pés. Não se vê o rosto desse homem, que traz um lenço vermelho amarrado na cintura. No pano de fundo, o céu azul de um dia muito ensolarado. Alguns dos raps do disco novo traziam pílulas de autorreflexão, em que Edi Rock se questionava em sua nova condição de celebridade.

Negro drama
Entre o sucesso e a lama,
Dinheiro, problemas,
Inveja, luxo, fama.

Negro drama,
Cabelo crespo,
E a pele escura,
A ferida a chaga,
À procura da cura

Essa espécie de revisão crítica foi, em grande medida, uma

reflexão em torno dos sentidos de ser gangsta e ser o maior grupo de rap no país. Depois de *Não há nada como um dia após o outro dia*, o Racionais atingiu uma espécie de "ponto de inflexão",[55] em que muitas de suas posições foram revistas. Não é à toa que, apesar da produção constante de faixas lançadas individualmente, de projetos paralelos e da gravação de um DVD ao vivo, um novo disco de inéditas — intitulado *Cores e Valores* — só viria no final de 2014, depois de doze anos.

Em 2009, Mano Brown criou a produtora Boogie Naipe para administrar seus vários projetos. Pela primeira vez, uma página de internet criada por funcionários do artista passou a promover seus eventos e uma assessoria de imprensa foi contratada.

Brown lançou composições em parceria com outros músicos, principalmente a banda Black Rio, com quem gravou, em 2009, "Mulher elétrica" — com levada dançante e letra "despolitizada". No ano seguinte, participou de uma nova versão de "Umbabarauma", de Jorge Ben Jor, em ação promocional da Nike para a Copa do Mundo de 2010, para a qual teria recebido algo perto de 100 mil reais. Ele declarou em entrevista à revista *Rolling Stone*: "Ofereceram um dinheiro de merda e eu meti a faca. Tentei arrancar o máximo". Em abril de 2012, o Racionais tocou no festival Lollapalooza, quebrando o longo jejum de participação em eventos patrocinados por grandes empresas. Há aqui uma grande mudança de paradigma. Não aceitar contratos publicitários nem convites para grandes eventos, denunciando o comprometimento das empresas com a situação geral de desigualdade na sociedade, é uma posição revolucionária. Cobrar cachês altos para fazê-lo, não.

Os demais membros do Racionais também reviram muitas de suas posições, flexibilizaram sua relação com a mídia e ampliaram o registro de suas produções artísticas. No início de 2013, em campanha de lançamento de seu disco solo *Contra nós ninguém será*, Edi Rock participou do programa *Cal-*

deirão do Huck, na Rede Globo.[56] O disco traz participações especiais de artistas sem vínculo com o rap, como Seu Jorge e a cantora Marina de la Riva. Ice Blue participou do rap "Estilo gangstar" de Túlio Dek, cujo videoclipe estreou no *Fantástico*, também na Globo, e que carrega todos os símbolos do chamado rap ostentação, subgênero de que falaremos.

Em texto curto publicado em novembro de 2013 no *Le Monde Diplomatique*, "O novo caminho de Edi Rock", Walter Garcia sugere que o Racionais se direciona para um novo lugar na cultura brasileira, mais próximo do que o autor chama de "música negra no mercado hegemônico".[57] Concordo com a sugestão e proponho ainda que esse realinhamento é também aproximação do Racionais da chamada nova escola do rap nacional.* Penso também ser possível dizer que, nesse movimento, o grupo afastou-se do posicionamento de classe que havia marcado sua primeira fase, e que propus considerar revolucionário, para adotar o que numa certa tradição do pensamento social brasileiro foi chamado de "radicalismo". O chamado pensamento radical é discutido em artigo de 1988 de Antonio Candido: "Gerado na classe média e em setores esclarecidos das classes dominantes, [ele] não é um pensamento revolucionário, e, embora seja fermento transformador, não se identifica senão em parte com os interesses específicos das classes trabalhadoras, que são o segmento potencialmente revolucionário da sociedade".[58] Ainda segundo Candido, o radical passa por cima do antagonismo entre as classes e tende com frequência à harmonização e à conciliação.

Se, ao longo dos anos 1990, a tendência hegemônica do rap nacional estava marcada por um espírito revolucionário, nos últimos dez anos houve um significativo realinhamento, em direção a um posicionamento *radical*, para manter a ter-

* A expressões "old school" e "new school", que também aparecem em português como velha e nova escola, referem-se a duas grandes fases do rap: grosso modo, anos 1980 e início dos 1990 seriam a velha escola, e final dos 1990 e anos 2000, nova escola.

minologia de Candido. Ao assumir que o Racionais MC's desempenhou e segue desempenhado uma notável centralidade no gênero, permito-me falar em tendências hegemônicas baseando-me sobretudo na trajetória desse grupo.

Mas é preciso deixar claro que o rap sempre foi algo plural, abrigando diferentes artistas e concepções; análises que busquem valorizar as diversas vertentes dentro do gênero poderão evidentemente lançar luz em outras questões. É esse o esforço que faremos em seguida.

Um vício costuma perturbar os discursos sobre cultura: a suposição de que o centro tem aquilo que falta à periferia. Ou ainda, que existe produção cultural no centro e que esta tende a se diluir quanto mais se afasta dele. Quando consideramos experiências como a do rap, essa suposição cai por terra: as categorias centro e periferia se confundem. Na segunda metade dos anos 1980, os moradores dos bairros mais afastados de São Paulo iam ao metrô São Bento não para "entrar em contato com a cultura produzida no centro", mas para serem eles mesmos produtores de conhecimento.

Em artigo de 1997, o antropólogo Marshall Sahlins criticou o que chamou de "pessimismo sentimental": a ideia de que a vida dos outros povos do planeta estava desmoronando, sucumbindo à hegemonia ocidental. Ao contrário, Sahlins sugere que estejamos atentos às apropriações locais e ao que ele chama de "indigenização do mundo". Podemos aproveitar essa formulação para pensar como a periferia não é apenas consumidora precária do centro, mas é também e sobretudo produtora — e que é "consumida" pelo centro. Não se podem ignorar assimetrias políticas, econômicas e de outras ordens, que são operantes e devem ser observadas criticamente — mas a análise não deve ficar acorrentada aos modelos derivados dessas situações assimétricas. A relação entre o polo economicamente fraco e o forte é mais complexa do que simplesmente a submissão do primeiro ao segundo, e é preciso pensar também na "periferização do centro".

Um dos corolários da ideia de que a cultura "mora no centro" é a tendência a olhar as produções culturais "de periferia" de maneira estereotipada, dar a elas uma unidade que elas não têm. Seja como gênero musical, seja como movimento social, o rap é uma experiência plural. Para minimizar os riscos de uma narrativa simplificadora, trataremos aqui, ainda que apenas de passagem, de algumas das muitas experiências que, em sua diversidade, encontram abrigo sob o guarda-chuva da palavra "rap" no Brasil.

Pelo território nacional, dezenas de cidades, capitais de estado ou não, protagonizaram importantes "cenas" de rap. Um ponto em comum foi a centralidade do papel desempenhado pelas rádios comunitárias, sobretudo nos anos 1980 e 90, antes que a internet banda larga alterasse radicalmente os meios de distribuição da música gravada.* Fora dos circuitos comerciais hegemônicos, a programação dessas rádios era feita por e para os moradores das favelas e bairros pobres. As seleções de músicas incluíam não só discos importados, trazidos com muito esforço e negociados em complexas redes de troca e comércio, como pouco a pouco incorporaram também as produções locais, independentes, garantindo canais de divulgação para novos artistas. Dilton Francisco Torres Filho, conhecido como Nego Chic, um experiente promotor de rap, declarou à revista *Caros Amigos* que "um rap novo só pode 'acontecer' se tocar nas rádios comunitárias. Quando começa a tocar numa oficial, já tocou nas comunitárias, os caras já sabem cantar".[59]

O surgimento das rádios comunitárias está no mais das vezes ligado à necessidade, identificada por líderes de movimentos sociais, de criar canais de comunicação. Uma dessas rádios teve sua história registrada em película, no filme *Uma onda no ar*, dirigido por Helvécio Ratton e lançado em 2002. A Rádio Favela, criada em 1981 por iniciativa dos moradores da vila Nossa Senhora de Fátima, no Aglomerado da Serra, em Belo Horizonte, foi provavelmente a primeira rádio mineira a tocar rap com regularidade, desempenhando papel fundamental na propagação do gênero. Dezenas de outras rádios comunitárias viveram processos semelhantes. Os recursos eram precários e improvisados: como não havia ener-

* Segundo a Associação Brasileira de Rádios Comunitárias, havia cerca de 20 mil rádios comunitárias em operação no país em 2005.

gia elétrica na favela, a rádio operava com um transmissor à bateria e um toca-discos à pilha. Depois de anos resistindo às pressões políticas e policiais, a Rádio Favela finalmente conseguiu em 1996 um alvará de funcionamento das autoridades municipais. O programa *Uai Rap Soul* segue sendo uma referência indispensável na região metropolitana de Belo Horizonte, onde, notoriamente, o rap tem intensa atividade.

Em 1991, a Associação dos Moradores do Bairro Éllery, em Fortaleza, criou um sistema de alto-falantes para divulgar as pautas e horários de suas assembleias, além de realizar outros pequenos serviços, como informar sobre as atividades dos mutirões e chamar moradores para atender chamadas no telefone público.[60] Com o sistema de som montado, surgiu a ideia de aproveitá-lo para tocar música. Assim nasceu, em 1998, a Rádio Mandacaru. Um dos programas mais populares era *Hip Hop Cultura de Rua*, cujo nome foi tomado de empréstimo do LP lançado pelo selo Eldorado dez anos antes.

Desde o início dos anos 1990, o rap na capital cearense foi marcado pela constituição de várias posses, reunidas em torno do MH2O, o Movimento Hip Hop Organizado do Ceará. Essas instâncias de organização acabam intermediando a relação de artistas e produtores com o poder público. Em meados dos anos 2000, Rogério Chaves, o Babau, um dos líderes do MH2O, vinculou-se à Coordenadoria de Juventude da prefeitura de Fortaleza — um exemplo entre muitos. Não é infrequente que rappers se tornem educadores sociais e lideranças políticas, muitas vezes mantendo-se ativos nas diferentes funções. Afinal, como vimos, o rap é uma música que costuma reivindicar seu lugar "no mundo". Em Fortaleza, a ligação do rap com os movimentos sociais se mostrou particularmente forte. Uma evidência disso é a penetração da Cufa, que criou bases em diversas cidades e está por trás da perenidade de outro importante programa de rádio da região: *Se Liga! O Som do Hip-Hop*, da Rádio Universitária FM, no ar desde 1999.

Nos anos 2000, o Estado marcaria a cena do rap nacional graças ao trabalho de grupos como Costa a Costa e do MC RAPadura. As produções de um e outro representam polos opostos na maneira com que lidam com seu enraizamento local. Costa a Costa se apresenta como um grupo que "poderia ser de qualquer lugar". Na faixa de abertura da segunda mixtape do grupo, *Dinheiro, sexo, drogas e violência*, lançada em 2007, eles declaram:

Fazer rap é igual em qualquer lugar
Toda luta é igual em qualquer lugar, primo
[...]
Fortaleza é igual a qualquer lugar
Pra lutar todo gueto é igual a qualquer lugar

Os versos ecoam um rap do Racionais MC's: "Aqui a visão já não é tão bela/ Não existe outro lugar/ Periferia é periferia".[61] A influência do Racionais é evidente, tanto na contundência dos relatos sobre a violência da vida na periferia quanto na presença constante de gírias como "mano" e no uso do plural sem concordância ("Todos os 'loco' pronto pro jogo"). Mas Costa a Costa não soa como uma simples "imitação", muito pelo contrário. Não só as letras são originais em suas formulações, como é notável o uso que o grupo faz de outras tradições musicais como o mambo, o carimbó e o reggaeton. A inclusão de samples de "Patrícia", de Perez Prado, e o aproveitamento dessa deliciosa melodia na faixa "Boa noite, Cinderela" criam um resultado original e poderoso. O rap de Costa a Costa soa menos sisudo que o gangsta rap de São Paulo: é mais dançante e alegre, sem que por isso as letras sejam menos corrosivas. Ao criticar a presença de dinheiro, sexo, drogas e violência "de costa a costa", o grupo dá dimensão nacional (e mesmo continental) a problemas que, na formulação do Racionais, aparecem apenas em sua versão local (e paulistana).

RAPadura vai mais longe no mergulho nas tradições musicais nordestinas: praticamente todas as bases de seus raps são construídas em cima de ritmos como o baião e o arrasta-pé; são usados dezenas de samples de discos de forró; e a presença de instrumentos como agogô, pandeiro e sanfona é uma constante. Nas letras, o uso de termos marcadamente nordestinos, como "arrochar", "oxente", só reforça um discurso que problematiza essa condição "local" e "singular", sublinhada em títulos como "Maracatu de cá pra lá" e "Norte Nordeste me veste". Logo na abertura de seu disco *Fita embolada de engenho*, lançado em 2010, RAPadura usa um sample de uma voz feminina que repete dezenas de vezes a palavra "nordeste". Na letra da faixa título, ele diz:

Vou meter o norte nordeste aonde vocês num chegaram
Num itinerário contrário do que vocês desenharam

RAPadura se veste com chapéu de cangaceiro, evocando Luiz Gonzaga, que nos anos 1950 popularizou nacionalmente o forró. O gesto do rapper é original e, até certo ponto, desafia as convenções do gênero, como já haviam feito à sua maneira artistas como Potencial 3, Sabotage, Marcelo D2 e Rappin Hood, ao de forma deliberada buscar "misturar" tradições musicais tipicamente brasileiras às batidas de funk, tradicionalmente usadas nas bases de rap.

Um pouco mais ao sul, no estado de Pernambuco, o gênero também exibe enorme vitalidade. O documentário *O rap do pequeno príncipe contra as almas sebosas*, de Paulo Caldas e Marcelo Luna, discute a violência urbana na capital pernambucana, tendo como fio narrativo a experiência de dois personagens: Garnizé, baterista do grupo de rap Faces do Subúrbio, e Helinho, um presidiário acusado de 65 homicídios. Os dois são originários de Camaragibe, pequeno município na periferia do Recife.

Helinho é conhecido como "pequeno príncipe" e é muito

querido na comunidade, que fez um abaixo-assinado por sua libertação. Ele matava bandidos, chamados de "almas sebosas", e seus crimes são tidos como abençoados. A discussão proposta pelo filme é das mais delicadas e surpreendentes, flagrando uma intrincada problemática moral.

Um refrão do Faces do Subúrbio diz: "Alma sebosa não aguento mais"; o justiceiro Helinho declara que "alma sebosa não merece viver". Muitas vezes, rappers dizem que suas letras são como armas — mas o paralelo entre o rapper e o justiceiro esbarra em um limite: a diferença entre a arma como uma metáfora e o metal do revólver de verdade. Como vimos, o gangsta rap — não só em Pernambuco, nem só no Brasil — atua nesse fio de navalha.

O Faces do Subúrbio é um bom exemplo da pluralidade característica do rap. Foi um dos primeiros grupos de rap no Brasil a incorporar performances com instrumentos — baixo, bateria e guitarra —, como uma "banda de rock", ao mesmo tempo que utilizava pandeiro, zabumba e triângulo, citando ritmos tradicionais nordestinos. No documentário de Paulo Caldas, Garnizé defende que o rap brasileiro nasceu em Pernambuco. Afinal, diz ele, Nelson Triunfo é pernambucano. E também associa rap e embolada — no filme, os integrantes do Faces do Subúrbio provam essa proximidade entre os gêneros, cantando um de seus raps sobre base de pandeiros no ritmo da embolada. Em seus discos, entre faixas baseadas em batidas de funk e punk rock, se destaca "Faces do aboio", que aproveita a impressionante sonoridade dos cantos de vaqueiros — os aboios — para uma breve canção. Diz a letra: "É preciso resistir/ aos desmandos da lei/ pesquisar, saber por quê/ não ficar só de não sei". Usando efeitos de eco, modernizam uma tradição tipicamente rural e arcaica. Alguém poderia perguntar: mas isso é rap? Bem, é cantada por um grupo de rap e carrega fortemente a ideia do "quinto elemento". É o bastante para chamar de rap?

O Faces do Subúrbio foi certamente influenciado por seus

conterrâneos Chico Science & Nação Zumbi, que, com o lançamento do disco *Da lama ao caos*, em 1994, revolucionaram o panorama da música produzida no Brasil. Chico Science, letrista e performer genial, morreu em um trágico acidente de carro em 1998, mas sua poderosa mistura de hip-hop, rock e maracatu, defendida por um discurso inteligente sobre o velho tema do regional e do universal, figurado na imagem de uma antena parabólica fincada no mangue, reverberaria por muito tempo. O influente movimento inaugurado por Chico e seu grupo ficou conhecido como manguebeat.

Chico Science e Nação Zumbi não eram identificados nem se posicionavam como um grupo de rap. Mas a maneira de cantar de Chico, assim como a de Jorge Dupeixe, que o substituiu após sua morte, é uma versão muito particular do canto falado do rap, com um uso comedido e inteligente das alturas. Sem nunca reivindicar o estatuto de rappers, Chico e os membros do Nação Zumbi reconhecem a influência recebida da cultura hip-hop.

Vale lembrar que, ainda em 1984, Caetano Veloso gravou a canção "Língua", que ele próprio sugeria ser um "samba-rap". Inspirado pela maneira de cantar do gênero, que apenas engatinhava então, Caetano compôs uma canção "falada", discutindo as especificidades da língua portuguesa e, mais ainda, de sua versão brasileira. A cantora Elza Soares participa do refrão, em ritmo de samba, com seu timbre rasgado e poderoso. Ao final da longa canção, Caetano comenta sua própria opção estética nessa composição:

Nós canto-falamos como quem inveja negros
Que sofrem horrores no Gueto do Harlem
Livros, discos, vídeos à mancheia
E deixa que digam, que pensem, que falem

Ele observa que o uso do canto falado do rap é um sinal de admiração, de desejo por uma cultura que, na origem, está ligada a uma situação de enorme precariedade. Gostar de rap e querer fazer rap é, diz ele, querer estar no lugar dos negros americanos que criaram esse jeito de cantar. A sacada é interessante: muito antes do rap brasileiro ganhar os contornos que conhecemos hoje — antes dos agitos da São Bento, por exemplo —, Caetano se mostrava antenado com a valorização de uma cultura produzida no "gueto" e as contradições desse gesto de aproximação. No verso seguinte, sublinha a importância da indústria cultural nesse processo de divulgação de culturas por meio de uma enorme quantidade de discos, livros e vídeos. Também essa indústria cultural é vista pela lente do paradoxo: desejo e admiração convivem com repulsa e crítica — o caleidoscópio por meio do qual o tropicalista enxerga e traduz o mundo.[62]

Para fechar, Caetano cita a canção "Deixa isso pra lá", de Alberto Paz e Edson Menezes, sucesso de 1964 na voz de Jair Rodrigues, que a interpretava gesticulando com a mão espalmada. Esse samba com refrão "falado" é muitas vezes citado como uma espécie de "proto-rap" brasileiro. Vinculando-se a essa longa tradição da canção brasileira, Caetano rebate a crítica que ele mesmo antecipara: de que cantar rap seria invejar o sofrimento dos negros norte-americanos. Deixa que pensem e que falem.

O jogo que Caetano faz em "Língua" ecoa as diversas experiências com canto falado feitas por artistas brasileiros na primeira metade dos anos 1980: desde Miele e sua paródia "Melô do tagarela", passando pelos vários grupos de break e os raps brincalhões de Jacaré e Pepeu. A batida e a maneira de cantar eram mais significativas do que o conteúdo das letras na determinação do gênero.

Cerca de dez anos depois, o artista voltaria a experimentar com rap na canção "Haiti", em parceira com Gilberto Gil, lançada no disco *Tropicália 2*. Em 1993, o rap nacional já havia ganhado forma e força, muito em função dos petardos lançados pelo Racionais MC's. O componente de crítica social era então praticamente indissociável do gênero, e "Hati" reflete essa guinada. Segundo o músico, a inspiração para essa letra foi um episódio que presenciou em uma festa do grupo Olodum, no Pelourinho, principal centro turístico da capital baiana, em que policiais agrediram violentamente jovens foliões. "Haiti" faz um retrato sombrio da realidade brasileira, criticando o "silêncio de São Paulo diante da chacina", uma referência ao massacre do Carandiru, que ocorrera um ano antes. Em um livro de depoimentos sobre suas composições, Caetano se orgulha de seu pioneirismo "ao explicitar a não aceitação do massacre dos 111 presos do Carandiru", tendo se antecipado "aos melhores músicos e poetas do hip-hop nacional que vieram a atuar nos anos 1990".[63] Consciente de ter pisado em "território alheio", Caetano reivindica não só seu direito de fazê-lo, mas também sua capacidade de antecipação. Deixando de fora o que pode ser lido como apenas um gesto de soberba, é interessante notar como esse artista camaleônico consegue dialogar com produções de outros registros.[64] Tanto em 1984, com "Língua", quanto em 1993, com "Haiti", Caetano colocou em questão temas e formas centrais para o hip-hop, estimulando debates em torno desse gênero. Mesmo que sua influência direta nos rappers tenha sido pouco significativa, é preciso reconhecer sua contribuição para a inserção do gênero no amplo panorama da música brasileira. É legítimo identificar as periferias das grandes cidades como o nascedouro do rap, mas é igualmente importante destacar que essa vigorosa produção cultural passou a exercer importante influência em outros circuitos, para além do controle de seus produtores "originais".

Aliás, foram muitos os esforços empreendidos por MCs, DJs, b-boys, grafiteiros, produtores e fãs de hip-hop em geral para tornar o gênero mais conhecido e reconhecido. Essa era a missão das muitas rádios comunitárias que se dedicaram à divulgação do rap em centenas de favelas e "quebradas" do

Brasil. Desde a experiência da revista *Pode Crê!*, criada pelo Instituto Geledés em 1993, muitas outras publicações sobre rap foram lançadas e tiveram maior ou menor duração. As revistas *Rap Brasil* e *Rap Nacional* são provavelmente as mais conhecidas e mais exitosas comercialmente, mas dezenas de fanzines, jornais de bairro e publicações caseiras circularam nesses últimos vinte anos, levando informação de um lugar para outro. DJ Hum manteve durante anos uma coluna semanal sobre rap no jornal *Notícias Populares*, de grande circulação no estado de São Paulo.

Com a chegada da internet, na segunda metade dos anos 1990, a nova plataforma também serviu para a produção de rap. Centenas de sites dedicados ao gênero foram criados, alguns ficaram poucos meses on-line e outros alcançaram enorme repercussão. Um fenômeno curioso são as batalhas de rima pela internet, em comunidades do site de relacionamentos Orkut ou no site Bocada Forte, que aconteceram intensamente nos primeiros anos da década e diminuíram desde então. A internet se tornou a principal plataforma de divulgação de artistas e eventos, assim como de informação em geral. Em portais dedicados ao gênero, nos websites dos artistas, em sites de música e vídeo como Deezer, YouTube e SoundCloud e, sobretudo nas redes sociais Facebook, Twitter e Instagram, o fluxo de informações é intenso e contínuo. O mundo virtual não é independente do mundo "real", em que shows e festas de rap seguem acontecendo e movimentando multidões — mas tampouco esse mundo "real" poderia existir hoje sem o apoio da *rede*.

Centenas e talvez milhares de MCs e DJs produzem e consomem rap em todo o Brasil, nas quebradas e nos bairros nobres, em festas escolares e em grandes festivais de música. Para usar mais uma expressão do crítico literário Antonio Candido, o rap sofreu um processo de *rotinização*: tornou-se "até certo ponto 'normal', como fato de cultura com o qual a sociedade aprende a conviver e, em muitos casos, passa a aceitar e apreciar".* Se por um lado essa rotinização implica uma diluição do teor crítico concentrado que o rap pôde ter nos primeiros anos da década de 1990, por outro é o que permitiu que o rap ganhasse relevância no mercado da música e presença significativa em âmbito nacional. Em todo caso, é preciso agora considerá-lo em sua pluralidade, que ganha forma na constituição de subgêneros cada vez mais distintos.

Em Brasília, a cena do rap é bastante ativa desde o final dos anos 1980. O distrito de Ceilândia, a pouco mais de vinte quilômetros do Distrito Federal, foi berço de dois importantes grupos: Cirurgia Moral e Câmbio Negro, que marcaram época como representantes do chamado gangsta rap.

De maneira geral, pode-se dizer que o gangsta rap é caracterizado por batidas pesadas e sombrias e letras politicamente engajadas e agressivas, retratando os aspectos mais duros da realidade social em comunidades desprivilegiadas. Uma palavra é recorrente, tanto nas letras quanto nos discursos dos rappers brasileiros para falar sobre o comportamento gangsta: "proceder". Segundo o antropólogo Alexandre Pereira, a palavra sugere "um repertório próprio de modos de agir, de postura corporal, de fala, de gírias, de vestimenta e de outras referências comuns, remetendo a dois significados: o de procedência (de origem, de proveniência) e o de procedimento (de modo de portar-se, enfim, de comportamento)".[65] Ainda que a definição do rap de estilo gangsta seja flutuante, parece haver um código moral e de conduta que orienta a atuação dos MCs.

A existência desse código está ligada à ideia defendida pelo sociólogo Gabriel Feltran de que, para setores relevantes das periferias urbanas, o "crime" é guardião legitimado de valores políticos como paz, justiça, liberdade e igualdade. As

*Falando sobre o modernismo brasileiro, Antonio Candido usa a ideia de rotinização — tomada de empréstimo de um conceito do sociólogo alemão Max Weber — no artigo "A Revolução de 1930 e a cultura".

aspas aqui indicam que é preciso tomar muito cuidado antes de assumir que o sentido dessa palavra, assim como dos valores republicanos a ela associados, são unívocos e inequívocos. Feltran ressalva o fato de que essa valorização do "crime" não implica "deslegitimação do Estado e suas leis, mas coexistência de dispositivos normativos". Diz o autor:

> Se usualmente o "crime" é figurado no polo oposto da lei e da ordem, bem como dos valores morais que ampparariam a política e a comunidade, nessa tradição expressiva ele progressivamente salvaguarda a paz, a justiça, a liberdade e a igualdade, construindo um ideal normativo específico, que legislaria a ordem das periferias.[66]

Vimos como o rap se apresenta como uma música que não só está no mundo como pretende transformá-lo. Trata-se de uma opção teórica pela imbricação de estética e política. Essa característica faz com que aspectos biográficos do artista sejam relevantes para a apreciação estética de suas produções. Não é improvável que um ouvinte de rap diga: "Gosto de rap porque é uma música que é contra o sistema", ou, "Gosto de Racionais porque eles se recusam a aparecer na Globo". O *proceder* é tematizado nas letras de rap, mas é também um valor ético.

Esse posicionamento fica claro no primeiro disco do grupo Câmbio Negro, lançado em 1993 com o título provocador *Sub-raça*. Na faixa que dá nome ao disco, depois de uma introdução instrumental em estilo hard-core, vão logo avisando:

> *Sou negão careca da Ceilândia mesmo e daí?*
> *Tu vive falando merda e ainda pisa aqui*
> [...]
> *Escute nossas ideias não somos de dar sugesta*
> *Safado aqui no gueto morre com um tiro na testa*

Em várias faixas do álbum, marcado por batidas pesadas, X e Jamaica discutem a questão racial. No rap que dá título ao disco, enfrentam o discurso racista de maneira enfática: "Sub-raça é a PQP". A música é subitamente interrompida por uma gravação com uma voz masculina que diz, pausadamente: "O preconceito de raça é a exceção". A resposta do Câmbio Negro é violenta: ouve-se o barulho de um tiro e um dos rappers que se despede: "Um abraço".

Também baseado no distrito de Ceilândia, o grupo Cirurgia Moral surgiu pouco depois e contou com a participação do Câmbio Negro em seu disco de estreia, *Cérebro assassino*. Na capa do disco, os MCs Rei e Zalla aparecem armados e mascarados, como que ameaçando a câmera que os fotografa. Uma imagem eloquente do posicionamento do grupo, que em sua música fala da violência de forma violenta, como diz Walter Garcia. Rei esteve envolvido com tráfico de drogas e, em 2008, foi preso em flagrante com quase meio quilo de maconha. Após sua passagem pela cadeia, abandonou o estilo gangsta e passou a fazer rap gospel.

Brasília também é o berço do veterano rapper GOG, que, além de uma importante atuação como artista — com mais de dez discos lançados —, também exerce intensa atividade junto aos movimentos sociais. GOG integrou o Conselho Nacional de Políticas Culturais, do Ministério da Cultura, e o Conselho de Desenvolvimento Econômico e Social do Distrito Federal, ambos cargos não remunerados. Essa proximidade com o poder público não o deixa inibido para escrever letras extremamente críticas, como é o caso de "Brasil com P", toda composta apenas de palavras que começam com esta letra:

Pesquisa publicada prova
Preferencialmente preto
Pobre prostituta pra polícia prender
Pare pense por quê?
Prossigo

Pelas periferias praticam perversidades parceiros
Pm's
Pelos palanques políticos prometem prometem
Pura palhaçada
Proveito próprio
Praias programas piscinas palmas
Pra periferia
Pânico pólvora pa pa pa

E assim GOG segue por quase quatro minutos, um verdadeiro exercício de virtuosidade, sem par na produção do rap nacional.

No final de 2013, GOG foi convidado para participar da cerimônia de abertura da Copa do Mundo que aconteceria no ano seguinte. Em seu perfil no Facebook, o rapper respondeu publicamente ao convite, dizendo: "Não aceito o convite, não negocio com vocês, não me procurem mais, esqueçam o meu nome! Ah, vocês patrocinam o apartheid brasileiro, bando de racistas!". Essa atitude, que ecoa o comportamento do Racionais durante muito tempo, pode ser considerada gangsta.

Um dos nomes mais reconhecidos do gangsta brasileiro é Dexter, que se tornou uma referência ao lançar, em 2000, o CD *Provérbios 13*, em parceria com Afro X. Os dois haviam formado o grupo 509-E, número da cela que ocupavam no complexo penitenciário do Carandiru, onde estavam presos havia alguns anos, condenados por assalto à mão armada. No mesmo ano de 2000, receberam o prêmio Hutúz na categoria Artista Revelação. A dupla obteve liminar para sair da cadeia, acompanhada, e ir ao Rio de Janeiro participar da cerimônia de premiação. Nos meses seguintes, eles conseguiram mais diversas liminares para realizar shows e participar de programas de televisão. Pouco após a saída de Afro X da cadeia, em 2002, a dupla se separou e os MCs passaram a atuar em carreira solo. Dexter obteve sua liberdade em 2011, depois de treze anos de *exílio*, como ele prefere dizer, de maneira provocativa.

Uma de suas músicas mais conhecidas é "Oitavo anjo", em que diz: "Continuar no crime não tô a fim/ Não quero mais essa vida pra mim". A ideia de regeneração é constante nas letras e declarações de Dexter, mas isso não implica uma condenação moral ou política do crime. Pelo contrário. A figura do anjo remete a uma longa tradição na música brasileira, como bem demonstrou Gabriel Feltran. O sociólogo lembra que, para o rap paulista, Jorge Ben Jor é um ícone — especialmente a produção desse artista entre os anos de 1965 e 1974. Em várias de suas canções dessa época, ele constrói a

> figuração do "anjo", personagem representado nas letras como guardião — francamente racializado e masculino — de uma ordem comunitária dos morros e favelas, centrada em valores de paz, justiça e liberdade que, a despeito de sua positividade interna, passa a ser vista como ilegal pela polícia, pelo Estado e pelas elites urbanas.[67]

Esse posicionamento explica por que Dexter, assim como Mano Brown, defende a legitimidade do Primeiro Comando da Capital (PCC). O tema, mais que espinhoso, é tratado de maneira cuidadosa e inteligente por Feltran: ele destaca a profunda ambiguidade no fato de que, ao estabelecer a paz entre os membros do "partido", a atuação do PCC acaba por contribuir para a diminuição das taxas de homicídio e assalto nas periferias. O nó é que uma organização como o PCC mina o elemento estrutural da constituição do Estado de direito — o monopólio da violência legítima.*

O grupo brasileiro que foi mais longe no estilo gangsta é o paulistano Facção Central, que se envolveu em grande po-

* O conceito é de Max Weber, no ensaio "Política como vocação".

lêmica em 1999. Depois de veiculado durante cerca de seis meses, o videoclipe da música "Isso aqui é uma guerra", parte do quarto disco do grupo, *Versos sangrentos*, foi censurado, e os integrantes do grupo tiveram que responder judicialmente à acusação de incitação ao crime. As imagens do clipe mostram os MCs, armados, perpetrando de maneira violenta os atos descritos na letra:

É uma guerra onde só sobrevive quem atira
Quem enquadra a mansão, quem trafica
Infelizmente o livro não resolve
O Brasil só me respeita com um revólver
Aí o juiz ajoelha, o executivo chora
Pra não sentir o calibre da pistola
Se eu quero roupa e comida alguém tem que sangrar
Vou enquadrar uma burguesa e atirar pra matar
Vou fumar seus bens e ficar bem louco
Sequestrar alguém no caixa eletrônico
A minha quinta série só adianta
Se eu tiver um refém com meu cano na garganta

Eduardo, líder do Facção Central e autor da música, é morador do Grajaú, na Zona Sul da cidade, onde, segundo ele, as cenas descritas na letra são parte do cotidiano. São muitos os casos na história do rap em que os limites entre o retrato da realidade e a incitação ao crime ficaram turvos. O videoclipe foi censurado, mas Eduardo e os demais membros do Facção Central não foram condenados pelas acusações que receberam por "Isso aqui é uma guerra". No disco seguinte, lançado em 2001, o tema foi retomado, em tom de provocação: "Aí promotor, o pesadelo voltou/ Censurou o clipe mas a guerra não acabou/ Ainda tem defunto a cada 13 minutos/ Das cidades entre as 15 mais violentas do mundo".

As opiniões sobre o assunto tendem a ser apaixonadas e misturam de maneira complexa questões estéticas, políticas, jurídicas. Mais do que tomar posição, interessa aqui flagrar o tipo de conflito que o gangsta rap detona e que gera bons problemas para a reflexão sobre o lugar da música no mundo social.

No início do livro, vimos como o rap se distingue da música clássica por posicionar-se como uma música que "está no mundo", por oposição a uma música que se quer "autônoma". O argumento dos rappers acusados de apologia ao crime costuma ser o de que estão apenas fazendo um retrato fiel da realidade, e ninguém pode negar que o cotidiano das grandes cidades brasileiras é marcado pela violência.

Nos Estados Unidos, o gangsta rap se envolveu em situações ainda mais complicadas. Expoentes do gênero como Tupac Shakur e Notorious B.I.G. foram assassinados no final dos anos 1990, sem que os casos tenham jamais sido plenamente solucionados. Os dois artistas eram declaradamente inimigos, mas nunca foi provada qualquer responsabilidade de um na morte do outro.

Um editorial publicado no jornal *The New York Times* em janeiro de 2014 discute o uso frequente de letras de música como prova em julgamentos nos Estados Unidos envolvendo rappers. Nenhuma outra forma de expressão artística, dizem os autores do artigo, é explorada dessa maneira nos tribunais. Os acusados são, no mais das vezes, jovens negros pobres. O pressuposto da acusação parece ser que, nessa forma de arte, ou para esse "perfil de artista", não há distância entre o autor e sua criação. Afinal, nesses casos o que está em questão não é a eventual "apologia ao crime", e sim assassinatos e roubos. Advogados e juristas têm se manifestado contra essa tendência cada vez mais comum entre promotores públicos: afinal, se nenhuma outra forma de manifestação cultural é usada como prova em processos penais, o rap não deve ser estigmatizado como caso único em que isso seria aceitável.

Nos Estados Unidos, muitos rappers gangsta, cuja origem social era humilde, se tornaram milionários. Passaram rapidamente a incorporar o mundo do dinheiro, ao qual acabavam de ingressar, em suas letras. Em 1993, o grupo Wu-Tang Clan compôs a faixa "C.R.E.A.M.", sigla para "*cash rules everything around me*" [o dinheiro domina tudo ao meu redor]. Carrões, correntes de ouro e bebidas caras passaram a ser presença constante tanto nas letras quanto nos videoclipes. Essa tendência do gangsta rap passou a ser conhecida como *pimp* [cafetão]; no Brasil, a expressão mais comum é rap ostentação.

É interessante que os artistas reflitam e criem a partir de sua nova condição social, e legítimo que celebrem o fato de haver conquistado os bens de consumo que durante tanto tempo lhes haviam sido interditos. Por outro lado, a temática da ostentação desperta muitas críticas da parte de quem entende que isso representa uma traição ao que é visto como um princípio fundamental do rap: a crítica a uma sociedade desigual, racista e injusta.

É preciso dizer também que, no pacote dos "bens de consumo" ostentados nas letras e videoclipes, muitos rappers fizeram questão de incluir mulheres ou, na gíria mais usada nessas letras, "vadias". Nos vídeos, os MCs aparecem cercados por dezenas de mulheres em trajes sumários, dançando de forma sensual e submissa ao lado de seus relógios e carros, como parte do rol de objetos conquistados.

Entre as ambiguidades do gangsta rap está a de ao mesmo tempo formular algumas das mais poderosas e libertadoras críticas à sociedade contemporânea e tantas vezes acabar por reproduzir e reforçar os valores mais retrógrados, como a misoginia, a homofobia e o fetiche da mercadoria.

Em grande parte das gravações de raps que têm um refrão cantado, os vocais são feitos por mulheres. Os exemplos são inúmeros e muito conhecidos, como "Sr. Tempo Bom", de Thaíde e DJ Hum, com participação de Paula Lima e Ieda Hills. Mas essa atuação feminina nos vocais não deixa de ser um sinal ambíguo. Se as mulheres são convidadas a participar, sua presença é conotada de doçura: as partes cantadas são sempre mais suaves do que as rimas duras do MC. A divisão de tarefas acaba por confinar as mulheres, quase sempre, num papel secundário e repetitivo. Mais que isso, na letra de muitos raps, as mulheres são chamadas de "vadias", capazes de trair tudo e todos, interessadas em dinheiro e poder.

Não há dúvida de que tendências misóginas e homofóbicas marcaram parte significativa dos produtores de rap, como atestam os estudiosos do gênero. Alguns dos maiores nomes do rap norte-americano, como Eminem, Snoopy Dogg e 50cent, lançaram diversas músicas que contêm propósitos violentamente sexistas, provocando polêmica nos meios de comunicação e despertando a ira de líderes de movimentos das chamadas minorias.

O rap nacional sempre foi um gênero produzido predominantemente por homens, mas, já em 1989, a rapper Sharylaine teve a faixa "Nossos dias" incluída na coletânea *Consciência black*, que trazia também as primeiras gravações do Racionais MC's. "Nossos dias" é tido como o primeiro registro fonográfico de uma MC mulher no Brasil. Sobrinha de um produtor de bailes black, ainda adolescente Sharylaine se aproximou com algumas amigas dos b-boys do Nação Zulu e elas passaram a frequentar o movimento na estação São Bento. Sharylaine e Sweet Lee formaram a dupla Rap Girls, com a qual lançaram o rap "Revelação". Mais tarde, já na década de 1990, Sweet Lee seria a primeira rapper a lançar um disco solo, pelo selo da equipe Kaskatas. Outras MCs, como Luna, Rubia e Dina Di, também gravaram e se apresentaram na época, e algumas chegaram a atuar nos projetos do Instituto Geledés.

Em 2005, a cineasta Tata Amaral produziu a série televisiva *Antônia*, sobre um grupo de rap formado exclusivamente por mulheres. Lançado como longa-metragem pouco depois, *Antônia* era também o nome do grupo formado pelas cantoras Negra Li, Cindy Mendes, Leilah Moreno e Quelynah. O grupo só existia no filme — Negra Li colaborava com o Família RZO, grupo paulistano liderado por Helião, mas a carreira das artistas era mais ligada ao R&B do que ao rap propriamente.

Em 2004, um grupo de MCs mulheres criou o site Mulheres no Hip-Hop (<www.mulheresnohiphop.com.br>). Alguns anos depois, após a realização do 1º Fórum de Mulheres no Hip-Hop, chegaram a fundar a Frente Nacional de Mulheres no Hip-Hop (FNMHH), envolvendo representantes de vários estados brasileiros. A iniciativa ampliou a rede de relacionamentos de mulheres interessadas em hip-hop e estimulou debates importantes, mas não chegou a ter resultados de grande impacto.

Tanto a produção da série e filme *Antônia* quanto os esforços de organização da FNMHH são indícios de que a movimentação das mulheres no universo do rap ainda era restrita e precisava de "reforço".

No início de 2010, houve um pequeno boom de MCs mulheres, que conquistaram mais do que nunca fãs e repercussão na crítica. Nomes como Flora Matos, Lurdez da Luz, Karol Conká e Dryca Ryzzo trazem projetos muito autorais, cada uma com seu coquetel de influências.

Se o tema da desigualdade de gênero não se destaca entre os assuntos tratados por essas novas MCs em suas letras, o salto qualitativo que suas produções deram, assumindo tanto batidas pesadas e rimas agressivas quanto vocais sensuais e letras com novas temáticas e sensibilidades, sinaliza que começa a haver mudança no panorama geral de um estilo musical marcado por fortes clivagens de gênero.

No faixa "Boa noite", lançada como single em 2011, Karol Conká usa sample de um coral de cantoras baianas sobre uma batida pesada de baixo e bateria, que não faria inveja a nenhum rapper gangsta. Com voz poderosa e afinada, ela diz:

De pele marrom, mandando um som
De cabelo black usando batom
Tô de moleton, quebrando no flow
Subindo a ladeira e curtindo o que é bom

Karol Conká

A competência técnica e a maturidade autoral das artistas dessa nova safra não deixam de ser sinais de emancipação. A presença cada vez maior de mulheres no rap vem contribuindo para o amadurecimento e a sofisticação do gênero, que revê seus limites e fronteiras.

Nos Estados Unidos, já faz tempo que os artistas mais talentosos e poderosos do showbiz transitam com enorme liberdade nas fronteiras do rap. Não é preciso ser rapper para usar *loops*, *scratches* ou a técnica do canto falado: são recursos ao quais ícones do pop como Beyoncé, Madonna e Justin Timberlake recorrem com frequência, além de convidarem MCs para participações em seus discos, muitas vezes produzidos pelos mesmos profissionais que realizam discos de rap. Mais e mais, artistas de outras tradições passam a incorporar conquistas estéticas do hip-hop que, afinal, estão disponíveis no grande "balcão de estilos". Por um lado, isso fragiliza o rap como música "oficial" de um movimento social; por outro, esse mesmo componente político fica à disposição para que outros grupos em situação de precariedade social o adotem à sua maneira, como veremos a seguir.

O caso do rap produzido por indígenas é exemplar no que diz respeito à apropriação do espírito contestatório do gênero para servir a uma "nova" causa. Durante as filmagens de *Terra vermelha*, longa-metragem de ficção sobre a questão indígena em Mato Grosso do Sul, os irmãos guarani kaiowá Clemerson e Bruno compuseram a letra de um rap, "Saudação da aldeia", misturando português e guarani. Incluído no filme, o rap de forte componente crítico acabou protagonizando uma cena de grande impacto. Em 2008, o grupo de rap Fase Terminal, criado em Dourados, Mato Grosso do Sul, e bastante atuante na região, propôs à dupla que reaproveitasse a letra escrita para o filme em uma nova composição, sobre base de rap, rebatizada de "Yankee no".

Pouco tempo depois, Clemerson e Bruno participaram de uma oficina de hip-hop promovida pela representação local da Cufa, onde conheceram os irmãos Kelvin e Charlie, com quem decidiram criar um grupo de rap e gravar um disco demo. Anunciado como o primeiro grupo de rap indígena do Brasil, o Brô MC's rapidamente ganhou notoriedade, com milhares de visualizações no YouTube, participação nos programas *Altas Horas* e *TV Xuxa*, na Rede Globo, e reportagens em jornais como *O Estado de S. Paulo*. Em entrevista a Mandrake, criador do portal e da revista *Rap Nacional*, os rappers explicam a origem do nome que escolheram para o grupo: "Vem de irmão. Eu [Clemerson] e Bruno somos irmãos, Kelvin e Charlie também". Mandrake então pergunta: "'Brô', na língua guarani, significa 'irmão'?". Mas a resposta de Kelvin é algo decepcionante: "Não. Brô é inglês, *brother* quer dizer 'irmão'".

A mistura de português e guarani em letras de rap é um fato inédito no Brasil. Vestidos com trajes tradicionais misturados com roupas ocidentais, os integrantes do Brô MC's chamam atenção e causam alguma confusão, como no episódio cômico da entrevista ao site Rap Nacional. No entanto, as bases musicais usadas pelo Brô MC's não aproveitam elementos de tradições musicais indígenas, o que poderia ser mais um diferencial, nem é especialmente original no trato da linguagem típica do rap (samples, scratches etc.).

A força do grupo está na conexão entre o chão de sua experiência social e a adoção de um gênero musical reconhecido por seu componente político. Nos anos 2000, os guarani kaiowá tornaram-se tristemente célebres pelos sucessivos casos de suicídio, chamando a atenção da mídia para algo que não é novo: a brutal violência cometida pelas autoridades brasileiras contra a vida, a terra e os direitos de indígenas.

Clemerson e Bruno contam que seu avô, cacique da aldeia, mostrou-se incomodado quando eles começaram a cantar rap. Com paciência, os jovens explicaram ao avô e às demais lideranças que com suas letras poderiam denunciar as calamidades que seu povo vinha sofrendo, dando mais visibilidade aos conflitos na região. Com isso, ganharam o apoio da velha guarda.

O Brô MC's se apresentou na inauguração de um complexo esportivo na região de Dourados, batizado de Vila Olímpica Indígena, com a presença das autoridades locais. Bruno subiu ao palco de cenho franzido, com a mesma atitude gangsta que ele admira em seus ídolos Tupac Shakur e Mano Brown. Antes de cantar, voltou seus olhos para o governador de Mato Grosso do Sul, André Puccinelli, sentado na primeira fileira, e disparou: "Esta vai pra vocês que não conhecem nossa realidade, que não sabem dos nossos dilemas. Aldeia unida, mostra a cara!".

O governador não aplaudiu ao fim da apresentação e, ao jornalista de *O Estado de S. Paulo* que cobria o evento, declarou: "Não gostei, porque isso é música estrangeira. E eu sou nacionalista".[68] As opções estéticas estão invariavelmente atravessadas por componentes ideológicos. Aqui, o nacionalismo do governador é indissociável do fato de que o rap é usado para criticá-lo politicamente.

Novos grupos de rap indígena vêm sendo criados em diversas partes do Brasil, mas é impossível prever se este vai se tornar um subgênero importante. Os guarani kaiowá não são os únicos a apostar que o rap pode carregar novas bandeiras políticas. A partir do início dos anos 2000, teve início nos Estados Unidos uma tendência que vem sendo chamada de homo-hop, com o lançamento de discos de MCs declaradamente homossexuais. Artistas como Deadlee e Tori Foxx, entre outros, denunciam a discriminação que sofrem em função de suas preferências sexuais. Em 2007, foi lançada a coletânea *HomoRevolution*, motivando uma turnê pelos Estados Unidos que divulgou a produção desses MCs e sua causa.

Em entrevista para a rede de televisão CNN, Deadlee argumenta que "a base do hip-hop é sua luta, ser *real*, quem quer que você seja. Os artistas no início tinham a luta negra, a luta contra a pobreza. Hoje quem está realmente lutando são os gays, eles têm uma razão. Eu tenho uma porção de

O grupo Brô MC's

histórias pra contar e resolvi contá-las". Vimos como tanto nos Estados Unidos quanto no Brasil o rap se firmou ao mesmo tempo como gênero musical e movimento social. O argumento de Deadlee é interessante na medida em que aponta novas bandeiras e novas bases sociais, que são ao mesmo tempo novos temas para letras de rap.

O ano de 2014 representa uma significativa virada em direção à inclusão desse elemento. A dupla Macklemore & Ryan Lewis, que havia estourado no ano anterior com dois hits atingindo o topo da parada de sucessos norte-americana, venceu quatro Grammy, a principal premiação da indústria fonográfica. Brancos e autodeclarados heterossexuais, os rappers desafiaram as convenções do gênero ao gravar "Same Love", rap sobre o amor entre duas pessoas do mesmo sexo. Durante a cerimônia de premiação do Grammy, a dupla cantou "Same Love" acompanhada por Queen Latifah e Madonna, enquanto era celebrado um casamento gay coletivo, transmitido ao vivo para milhões de pessoas em todo o mundo. O rap de Macklemore & Ryan Lewis se tornou uma espécie de hino para militantes do casamento gay em estados americanos que ainda não haviam legalizado esse tipo de união.

No Brasil, as coisas caminham lentamente. Em 2009, MV Bill e Celso Athayde, criadores da Cufa, convidaram Danilo Bittencourt, militante LGBT e homossexual declarado, para assumir a presidência da organização, dando início a uma campanha chamada Não Homofobia. Na mesma época, o site da Cufa lançou uma enquete com a seguinte pergunta: "O que você acha da criação de uma nova vertente do hip-hop, que teria como representante um grupo de rap formado por homossexuais chamado Gangsta G?". As respostas foram as mais diversas, desde negativas veementes até adesões entusiasmadas. Em entrevista ao site Real Hip Hop, Celso Athayde havia declarado ter a intenção de lançar um grupo de rap gangsta gay: "Um conjunto formado por gays assumidos, cantando gangsta rap, com cara feia e tudo. Será uma boa chance para o hip-hop, que por excelência luta por igualdade e o fim dos preconceitos, exercer seu papel". MV Bill publicou um texto no site da Cufa afirmando que o preconceito contra homossexuais "piora se for preto, aumenta se for pobre e 'isola' se for da favela". O tema gerou alguma discussão nos meses subsequentes, mas o grupo Gangsta G não saiu do papel.

O rap "O circo", lançado em 2013 por Markão Aborígine, faz uma rápida menção ao tema: "Homossexual não seja extravagância nos programas/ O despertar das risadas, sempre os motivos das piadas". Em 2011, o jornalista Pedro Alexandre Sanches sugeriu ao rapper Emicida, para a foto de capa de uma matéria sobre ele na revista *Trip*, que posasse com uma camiseta com a frase: "Algumas pessoas são gays. Acostume-se". O jovem artista não topou a provocação, argumentando: "Todo mundo vai ver a foto, mas nem todo mundo vai ler a entrevista". Emicida não quis se expor ao risco de ser tomado por gay, nem mesmo de ter que aturar críticas e gozações por uma simples associação à causa da liberdade de opção sexual — mais um sinal de que esforços isolados e tímidos como esse não parecem suficientes para alterar o quadro geral do rap nacional, bastante conservador no que diz respeito ao tema da homossexualidade. Ao menos por ora, a inclusão da luta anti-homofobia no discurso dos rappers brasileiros ou a criação de um subgênero como o homo-hop ou o gangsta G são possibilidades remotas.

Por outro lado, se há um subgênero que prosperou enormemente no país é aquele conhecido como rap gospel. Nos últimos dez anos, ganhou enorme adesão de artistas e ouvintes, organizados em torno da ideia de que o rap "salva". Esse núcleo de sentido, que reforça a tendência própria do rap de se colocar como uma música com "função social", nem por isso faz do rap gospel uma produção monolítica. Vários MCs, ligados a diferentes igrejas evangélicas, apresentam discursos distintos, às vezes mantendo algum sentido de crítica social, outras vezes revelando um fortíssimo teor conservador.

O MC Juninho Lutero alcançou grande popularidade no segmento ao lançar, em 2011, "Pequenas igrejas, grandes negócios", rap em que critica a exploração financeira em nome da fé. Diz o refrão: "O evangelho é vida, não é negócio/ Deus procura adorador e não sócio". Mas, se Lutero acusa os exageros cometidos por pastores gananciosos, nem por isso discorda da ideologia que orienta a maior parte das igrejas evangélicas no Brasil. Na mesma letra, diz: "Eu não sou contra a teologia da prosperidade/ Mas é errado colocar ela como prioridade".

O rapper se mostrou extremamente conservador quando, no ano seguinte, lançou um videoclipe "em defesa da família" e contra o projeto de lei 122, de 2006, que prevê a criminalização da homofobia. O rap "Matéria-prima original", que traz versos como "No fundo todo mundo sabe que não é natural /Não existe cromossomo gay nem tendência homossexual", gerou polêmica na internet, e Lutero deixou a música de lado, ao menos provisoriamente.

Desde 1998, quando o Apocalipse 16 lançou o disco *Arrependa-se*, Pregador Luo, líder e fundador do grupo, se tornou um dos mais conhecidos e mais respeitados representantes do rap gospel. Já colaborou com nomes como Edi Rock e Emicida e, em 2011, foi capa da segunda edição da revista *Rap Nacional*. Luo lançou mais de quinze discos por seu selo 7 Taças, vendendo mais de 1 milhão de cópias e somando mais de 50 milhões de visualizações de seus vídeos no YouTube. "Arrependa-se" e os sucessos seguintes eram baseados num discurso salvacionista, pregando uma vida longe das drogas e do crime:

Arrepender do quê? Arrepender por quê?
Espere apenas alguns segundos e Luo vai dizer
Pra não arder pra não morrer pra não queimar
Esses são bons motivos para se regenerar
Largar o crime, largar a droga, largar o álcool
Ser um cara livre, não apenas mais um escravo do pecado

Aos poucos, foi alargando o escopo temático de suas letras. Fã das lutas de MMA, atendeu a um pedido de Vítor Belfort e compôs um tema musical para servir de trilha sonora para entrada do lutador no ringue. O sucesso foi tanto que todos os outros principais lutadores de MMA também pediram que Luo compusesse temas para eles. O resultado foi compilado no disco *Música de guerra*, lançado em 2008. Além da paixão por lutas marciais, Luo passou a escrever também sobre futebol. Em 2013, durante apresentação no festival de música gospel Promessas, promovido pela Rede Globo, com apresentação de Serginho Groisman, Luo cantou o rap "Coração brasileiro", que traz os seguintes versos:

Brasil
Nosso brado é retumbante
A natureza nos fez fortes e gigantes
A liberdade me dá sentido
No mundo todo resplandece o nosso brilho
[...]
O tempo é de luta unam-se fiéis
O país do futebol põe o coração nos pés
Fé no time, fé no homem, fé na camisa 10

Abrindo com um coral animado e uma batida suave de djembê, que aos poucos se adensa com a entrada de uma batida pulsante que evoca a *dance music* dos anos 1980, a música não poderia se distanciar mais do estilo gangsta que, pelo menos desde o lançamento de "Fim de semana no parque", em 1988, foi a marca principal do rap nacional.

O ritmo contagiante, os vocais animados e a mensagem ufanista combinam com o tom dos grandes eventos promovidos pela Rede Globo. Isso dito, a emissora, que no imaginário "contestador" do Brasil costuma encarnar o "coração do mal", vem abrindo espaço para outros subgêneros de rap que optam por discursos menos ácidos, como o já mencionado rap ostentação.

No Brasil, há alguma resistência da parte dos rappers de assumirem seu estilo como "ostentação". Em um gênero musical que também tem origem nas favelas — o funk — a alcunha tende a ser menos problemática. O MC Daleste, tragicamente assassinado aos 21 anos em um show em Campinas, era autor de músicas que levavam títulos como "Deusa da ostentação" e "Ostentação fora do normal". MC Guimê, outro artista do gênero, lançou diversos funks em que se vangloria de portar artigos de grife. Em sua primeira música a alcançar sucesso, "Tá patrão", Guimê descreve uma situação em que saía "pra balada" de carrão, com as melhores roupas, e na companhia das mulheres "mais top". Diz o refrão:

Ta pa ta pa Tá patrão
Ta pa ta pa Tá patrão
Tênis Nike Shox, bermuda da Oakley, camisa da Oakley
Olha a situação

No fundo, o sentido geral das músicas de Guimê e Daleste pouco difere do daquelas de rappers como Túlio Dek e Cabal. Em "O que se leva da vida", por exemplo, Túlio diz: "Se as mulheres tão dando mole por que não aproveitar?" e "Se o mundo é sujo quem sou eu para mudá-lo?", sinais de conformismo e de adesão irrestrita à ideologia da mercadoria.

A menção a marcas de grife nas letras dos raps não é comum, mas a ostentação é evidente nos videoclipes. Em julho de 2013, Túlio Dek lançou a música "Estilo gangstar", sugerindo um novo nome para o tipo de rap que faz. Inspirado no termo "gangster", que está na origem de gangsta, a pequena alteração da vogal "a" por "e" remete à palavra "star" [estrela]. O clipe contou com a participação de dezenas de rappers, com destaque para Helião, do grupo RZO, e Ice Blue, do Racionais MC's, que cantam trechos da letra. O jogador de futebol Ronaldo "Fenômeno" também faz uma ponta no vídeo, que alterna imagens em uma boate lotada, cheia de mulheres em trajes sensuais e garrafas de champanhe, com imagens de carros importados, como Ferrari e Lamborghini, entre outros modelos convertidos em *lowrider* (carros com poderosos sistemas de molas que permitem fazer manobras radicais como "pular" ou andar em duas rodas).

A consolidação do subgênero rap ostentação corresponde a um momento de transformações históricas no Brasil, marcado pela ampliação do poder de consumo das classes médias e baixas. O rap se tornou não apenas mais plural — no que diz respeito às várias bandeiras político-ideológicas que se associam ao gênero — como tendeu a baixar a guarda com relação às instituições que representam o status quo, como mídia e mercado. Além das eventuais particularidades estilísticas, e sem prejuízo de certa carga crítica que carrega em suas letras, a chamada nova escola se caracteriza pela fluência com que trata o rap como negócio.

Depois de liderar nas bilheterias norte-americanas em 2002, o filme *8 Mile*, cinebiografia romanceada sobre o rapper Eminem, estreou no Brasil em março do ano seguinte, com o subtítulo algo derramado de *Rua das ilusões*. No filme, Eminem interpreta o jovem Jimmy "Bunny Rabbit", que sonha em se profissionalizar como MC enquanto enfrenta as agruras de uma vida sem dinheiro, vivendo em um trailer na periferia de Detroit e tendo que lidar com as crises de uma mãe alcoólatra e desorientada. Como é praxe nas narrativas hollywoodianas, a "viagem do herói" vai do suplício à superação. Ao longo do filme, além das dificuldades familiares, financeiras e amorosas, B-Rabbit e seus amigos devem encarar as provocações de Papa Doc e sua crew. Disputando meninas e espaço na cidade de Detroit, as crews se enfrentam um pouco como gangues, com embates físicos e ameaças com armas de fogo.

A principal amarração do filme são duas participações de B-Rabbit em batalhas de freestyle. Esses duelos de improviso marcam os pontos de inflexão na viagem do herói. Na primeira, logo no começo do filme, ele "ramela" — ou seja, fica nervoso demais e não consegue rimar. Ao final, ele derrota os capangas Lickety e Lotto, para finalmente deixar sem palavras o chefão Papa Doc. Depois da vitória, chega a ser convidado para ser o apresentador da batalha, mas prefere seguir seu caminho sozinho. A perspectiva de conseguir um contrato com uma gravadora atravessa a narrativa, e mesmo se B-Rabbit termina o filme sem assinar contrato nenhum, o público fica sugestionado sabendo que, "na vida real", Eminem veio a se tornar um dos grandes nomes do show business americano.

Aqui vão algumas rimas utilizadas pelos adversários de B-Rabbit na batalha final do filme, do personagem Lickety Split e Lotto, respectivamente:*

*Em se tratando de um filme, é evidente que não foram propriamente im-

fuckin' Nazi, this crowd ain't your type
take some real advice and form a group with Vanilla Ice

and what I tell you, you better use it
*this guy's a hillbilly, this ain't Willie Nelson music**

I'll spit a racial slur, honky, sue me
this shit is a horror flick, but the black guy doesn't die in this movie
[...]
you think these niggas gonna feel the shit you say?
*I got a betta chance joining the KKK***

Parece desnecessário dizer que Lickety e Lotto são negros e Eminem/ B-Rabbit, branco. A mobilização de um discurso racial atravessa os improvisos, procurando desautorizar o oponente a reivindicar qualquer tipo de participação na cultura hip-hop. Sabemos que Eminem não foi o primeiro MC branco a se destacar no rap norte-americano, nem seu duplo B-Rabbit o primeiro a provocar debates acerca da legitimidade de um rapper. Lickety sugere ao personagem interpretado por Eminem que ele forme um grupo com Vanilla Ice, autor do hit "Ice Ice Baby", cujas "ascensão e queda" fulminantes marcaram a cena do rap na chegada dos anos 1990.

Lickety diz que B-Rabbit não é "verdadeiramente do rap", chamando-o de nazista e dizendo que aquela não é sua "galera" — esta seriam os "hillbillies" [literalmente, "caipiras", mas que no contexto podemos ler também como "brancos"]

---

provisações, mas antes uma encenação de improviso.

* Tradução livre: "Seu nazista de merda, essa galera não é a sua/ Ouça o meu conselho e forme um grupo com Vanilla Ice/ É melhor você fazer o que eu te digo/ Esse cara é um caipira mas essa música não é tipo Willie Nelson"

** Tradução livre: "Vou cuspir um insulto racial, branquela, pode me processar/ Essa merda é um filme de terror, mas o cara negro não morre nesse filme/ [...] Você acha que esses pretos vão curtir a merda que você diz?/ Eu tenho mais chance de entrar na KKK".

que gostam de Willie Nelson, célebre cantor da chamada *country music*. Lotto, o adversário seguinte, é irônico ao dizer que tem mais chance de ser aceito pela Klu Klux Klan do que B-Rabbit tem de agradar aos *niggas* na plateia da batalha. É interessante como a mobilização da categoria raça se faz em associação a dois dos principais emblemas racistas: o nazismo e a Klu Klux Klan. Como se dissessem: "Você não pode ser do rap porque você é branco", uma afirmação racista, ao mesmo tempo que dizem "Você não pode ser do rap porque você é racista".

Apesar da eficácia dessas rimas, ambos serão derrotados por Eminem/ B-Rabbit, que enfim chega à final para desafiar o campeão Papa Doc. Sua estratégia será ele mesmo começar dizendo todos os pontos que, imagina, o outro poderia utilizar para atacá-lo. "Sou branco, sou um vagabundo que mora com a mãe em um trailer." Em seguida, relembra os episódios do filme nos quais ele e sua crew se deram mal, como que para "gastar" todas as boas rimas que Papa Doc poderia usar contra ele:*

This guy ain't no mother fuckin' MC
I know every thing he's got to say against me
I am white I am a fuckin' bum
I do live in a trailer with my mom
[...]
Don't ever try to judge me dude
*You don't know what the fuck I've been through***

Tendo desmobilizado o adversário ao "roubar" suas ri-

*Não reproduzirei aqui todo o texto do "improviso", visto que faz referência aos eventos específicos da narrativa do filme.

**Tradução livre: "Esse cara não é MC porra nenhuma/ Sei tudo que ele tem pra dizer contra mim/ Eu sou branco, sou um puto de um vagabundo/ Sim, eu moro em um trailer com a minha mãe/[...] Mas mano, nunca tente me julgar/ Você não sabe tudo pelo que passei".

mas, ele passa ao ataque, desmascarando o "filhinho de papai" que se esconde sob a alcunha do ditador haitiano.* O procedimento é exatamente o mesmo que a jornalista usou contra Vanilla Ice. Apenas inverteram-se as posições no contraste do branco e do negro. Assim, B-Rabbit continua:

But I know something about you,
You went to Cranbrook, that's a private school
What's the matter dawg you embarrassed?
This guy's a gangsta? His real name is Clarence
And Clarence lives at home with both parents
*And Clarence's parents have a real good marriage***

Com essas rimas, a imagem de bad boy fica comprometida. Se isso tudo é verdade ou qual exatamente é a verdade sobre a vida particular do personagem Clarence/ Papa Doc, não importa tanto. O que importa é que, na batalha, B-Rabbit conseguiu entusiasmar a plateia e deixar seu adversário sem palavras, tornando-se o campeão.

O filme acabou por estabelecer um marco no que diz respeito à disseminação da prática de batalhas de freestyle no Brasil. Na época da estreia de *8 Mile*, a casa do MC Aori, no bairro carioca da Lapa, era o ponto de encontro de muitos MCs e DJs cariocas, como Marechal, Babão, Dom Negrone e Funkeiro. Inspirados pelo filme, juntaram-se no bar do Zezinho, no número 73 da rua Riachuelo: cada participante contribuiu com um real, e o montante seria o prêmio da primeira edição do evento que veio a ser conhecido como Batalha do Real.

Os organizadores da batalha concordam no fato de que *8 Mile* foi importante porque todo mundo logo "entendia do

*François Duvalier (1907-71), conhecido como Papa Doc.

**Tradução livre: "E eu sei uma coisa sobre você/ Você estudou na Cranbook, uma escola particular/ Qual é o problema, negão? Ficou com vergonha?/ Esse cara é bandido? O nome dele é Clarence/ E Clarence mora na casa dos pais/ E os pais de Clarence têm um casamento ótimo".

que se tratava", um papel semelhante ao desempenhado por *A loucura do ritmo* e *Wild Style* nos anos 1980. O formato básico do duelo foi copiado do que se via no filme: dois rounds de 45 segundos, durante os quais um MC atacaria o outro com os insultos e provocações mais ácidos que pudesse. Depois dos dois rounds, o apresentador pedia que a plateia fizesse barulho para seu improvisador preferido. Caso o apresentador avaliasse que o volume de barulho justificava um empate, iriam para um terceiro e último round.

Ao cabo de algumas semanas, Marechal propôs um dos refrões que veio a ser adotado no evento.* Ele repetia três vezes a mesma palavra para, em seguida, o coro dos demais participantes completar:

A tradicional
A tradicional
A tradicional
Batalha do Real

Nos flyers impressos ou eletrônicos, assim como nas páginas de internet criadas para o evento, o adjetivo tradicional passou a figurar, com frequência entre aspas: a "Tradicional" Batalha do Real. É interessante como um evento recém-criado passa imediatamente a ser chamado de "tradicional", expediente que indica de modo claro uma vontade de legitimação e aceitação.

Outro refrão criado logo nas primeiras edições da batalha e que teve vida longa é o inspirado na frase "tem que ter suingue", de autoria atribuída a MC Bacon. Marechal usou o verso em sua música "Sangue bom", e ele passou a ser frequentemente citado, com pequenas variações:

*Marechal reivindica a autoria do refrão. Já César Schwenk o atribui a Dom Negrone. Veremos que este não será o único caso de disputa sobre a autoria de versos que se tornaram refrões.

Tem que ter suingue
Tem que ter suingue
Na batalha o palco é o ringue

Ao longo de 2003, Cesar Schwenck e Aori tiveram uma ideia para potencializar o que vinha acontecendo na Batalha do Real. Em vez de simplesmente ter um vencedor por noite, imaginaram um campeonato que colocasse em confronto os campeões de batalhas, para decidir "que cara era O cara". Naquele mesmo ano teve início a Liga dos MCs, um torneio anual que reúne aqueles que seriam os melhores MCs de batalha do Rio de Janeiro. No ano seguinte, os organizadores da Liga receberam um convite do rapper Xis para que realizassem um evento juntos, em São Paulo. A edição especial da Liga ocorreu na choperia do Sesc Pompeia e o vencedor foi Max B.O.

Desde então, a Liga acontece praticamente todo ano, com variações significativas a cada edição. A Brutal Crew, organizadora do evento, chegou a ter patrocínio de marcas como Red Bull e Nike.* Em 2007, 2009 e 2010, foram organizadas edições nacionais, reunindo MCs selecionados nas principais batalhas do país. Isso porque o número de eventos que promovem batalhas no Brasil não parou de aumentar. Algumas das mais conhecidas são a Fora de Órbita Rap, em Salvador; BSP, em Vitória do Espírito Santo; o Duelo de MCs, em Belo Horizonte; a Jornada de MCs, no Recife; a Rinha dos MCs e a Batalha da Santa Cruz, em São Paulo.

* Cesar Schwenck, membro da Brutal Crew, relatou que em 2004 a Adidas cedeu alguns pares de tênis para os finalistas. A Red Bull patrocinou as edições de 2005, 2006, concedendo cerca de 5 mil reais por ano. No ano de 2007, a Red Bull aumentou o patrocínio para 100 mil reais, alçando o evento para proporções inéditas. Com essa verba, foram realizadas seis etapas, cinco delas no Rio de Janeiro (no Circo Voador e no Teatro Odisseia) e uma no Recife. Cada etapa oferecia mil reais para o primeiro lugar, e a final ofereceu o dobro. Em 2007 e 2008, a Nike entrou com 10 mil reais, além de dar roupas e pares de tênis para os finalistas. Em 2009, o patrocínio da Nike caiu para 5 mil reais.

O perfil aproximado dos MCs de batalha* é de jovens entre quinze e 25 anos, cursando ou tendo concluído o ensino médio, em seguida conciliando pequenos trabalhos com a formação em nível superior (no geral em faculdades particulares) ou em nível técnico. É o suficiente para distingui-los dos integrantes do Racionais — nenhum deles concluiu o ensino médio.

Quase trinta anos depois da estreia brasileira do filme *A loucura do ritmo*, dos "tempos da São Bento" e do surgimento do grupo Racionais MC's, a posição relativa do rap e dos rappers no campo da produção cultural no Brasil foi significativamente alterada, como parte das transformações pelas quais o país passou nesse período, suscitando novos dilemas, contradições e demandas para os músicos e consumidores dessa música. Assim, podemos assumir que a geração de rappers que surgiu no final da primeira década do milênio, com nomes como o paulistano Emicida e o cearense RAPadura, pra ficar apenas com dois, é "nova escola", por oposição ao Racionais MC's, que seria velha escola.

Com menos de trinta anos de idade, esses artistas muitas vezes tiveram os primeiros contatos com o rap em festivais de música promovidos nos colégios onde estudaram, ou então acessando a internet em lan houses ou mesmo em seus computadores pessoais. A maior escolaridade, o maior acesso a bens de consumo, a desenvoltura no trato com a mídia e o desembaraço com as noções de "carreira" e "mercado" são alguns dos aspectos que diferenciam as duas gerações.

Eles aprenderam com os erros e acertos de seus veteranos: ouviram o rap pesado dos anos 1990 e acompanharam a dificuldade que muitos rappers tiveram de viabilizar a carreira a longo prazo. A desenvoltura na administração de sua

* Vale notar que a fronteira entre produtores e consumidores de rap é muito tênue: enorme parcela dos consumidores de rap é também de "fazedores de rima". No caso dos MCs de batalha, essa confusão entre público e artista é ainda maior.

Batalha de MCS na estação Santa Cruz

produção artística como “negócio”, marca da nova geração de rappers, é tributária do fato de os veteranos terem “patinado” em sua inserção no mercado da música. Os rappers Emicida e Cabal, dois nomes que podem ser considerados nova escola, protagonizaram um episódio que fala muito sobre essas mudanças de paradigma.

Dentre as dezenas de eventos de freestyle que acontecem hoje no Brasil, a Batalha da Santa Cruz, em São Paulo, é um dos mais "tradicionais": ocorre regularmente todos os sábados desde fevereiro de 2006. O coletivo Afrika Kidz Crew é responsável pela idealização, organização e promoção do evento. Costuma-se dizer brincando, entre antropólogos, que gostamos de "mitos de origem". A batalha de freestyle do metrô Santa Cruz também tem o seu. Logo depois do primeiro encontro, um dos organizadores postou um recado na comunidade do rapper Cabal na rede social Orkut, anunciando o novo evento e instigando: "Quem é homem vai".

Daniel Korn, o Cabal, havia se tornado muito conhecido graças ao hit "Senhorita", parceria com um rapper da velha escola, DJ Hum. Um dos poucos artistas do gênero a ter contrato com uma grande gravadora (Universal), Cabal participou de uma gravação com a dupla Chitãozinho e Xororó, em disco que veio a ganhar o Grammy Latino de "melhor álbum de música regional e raízes". Teve aparições em diversos programas importantes nas principais emissoras de televisão do país. Em entrevista no *Programa do Jô*, da Rede Globo, ouvimos que Cabal morou com a mãe radialista em Nova York, formou-se em administração de empresas e fez estágio no Citibank. Sua história de vida destoa da maioria dos rappers brasileiros, assim como sua pele clara e seus olhos verdes. Também em oposição à tendência principal do rap nacional, suas letras falam mais de festa e de mulheres do que de problemas sociais. Segundo se lê em seu release, ele "acredita que não precisa cantar desgraças para fazer um bom rap". Por essas razões, é considerado por muitos rappers como um MC de ostentação, ainda que ele mesmo recuse o rótulo.

Sendo um rapper já bastante famoso e a batalha do metrô Santa Cruz, ainda uma novidade, organizada por um bando de "moleques" sem experiência e "sem nome no rap" (as expressões são de Marcello Gugu, da Afrika Kidz Crew), foi uma surpresa que Cabal tenha aparecido, acompanhado de amigos da sua crew, a PROHIPHOP. A sugestão, por inspiração da experiência no Rio de Janeiro, era que cada MC desse um real para se inscrever na batalha; a soma seria entregue ao vencedor. Cabal reservou sua vaga oferecendo uma nota de cinquenta reais e, ao ouvir que não havia troco, sugeriu que o dinheiro ficasse com o campeão. Depois de se inscrever, entrou no shopping Santa Cruz para um "rolê", chamando a atenção de jovens que também passeavam por ali, que, ao reconhecerem a celebridade, seguiram Cabal e acabaram assistindo à batalha.

É impossível saber quantas pessoas de fato estavam lá naquela noite. Em todo caso, os relatos entusiasmados chegam a estimar mais de trezentas. O público médio dos sábados na Santa Cruz veio a se estabelecer em torno de cinquenta pessoas, e o funcionamento da batalha pouco mudou desde então: os inscritos se enfrentam em eliminatórias definidas por sorteio; cada etapa é decidida num sistema do tipo "melhor de três", com rounds de trinta segundos para cada participante. O júri é o próprio público, que faz barulho para seu improvisador preferido. Antes do início de cada batalha, os MCs tiram par ou ímpar para definir quem vai começar a rimar. No geral, o vencedor prefere que seu adversário comece. Segundo eles, é mais fácil responder do que atacar.

A grande maioria dos frequentadores da Santa Cruz se aventura em improvisos de rima e, nesse sentido, público e protagonistas da batalha se confundem mais do que se separam. Aliás, é interessante notar que a própria configuração do espaço no qual se dá a batalha é mais de confusão que de limites claros entre palco e plateia. Não se organiza propriamente uma roda, é mais como se todos se amontoassem em um canto. Não há microfone nem sistema de som, não há praticável ou palco de qualquer tipo. Se ocasionalmente os organizadores levam um pequeno amplificador com o qual lançam "bases" sobre as quais os improvisadores versam, naquela noite, como na maioria das vezes, rimava-se a cappella, ou seja, sem acompanhamento musical.

Na mítica semifinal daquela noite, Cabal enfrentou um jovem improvisador que começava a se destacar nos eventos de "microfone aberto" que aconteciam em São Paulo, razão pela qual ganhou o apelido de Emicida, uma mistura de "homicida" com "MC".

Leandro Roque de Oliveira, o Emicida, tem perfil social mais próximo do estereótipo do rapper. É negro, filho de uma empregada doméstica, trabalhou como pedreiro e auxiliar de escritório. Se hoje ele é um dos mais celebrados rappers do país, nos idos de fevereiro de 2006 Emicida era um ilustre desconhecido e, contra Cabal, parecia encarnar o que no boxe chamam de desafiante.

Analisar uma batalha de freestyle é uma tarefa que envolve desafios de várias ordens. Como registrar de maneira sistemática as entonações, os jogos corporais, os olhares — e não apenas daquele que improvisa mas também de seu adversário, que aguarda a vez? Olhares desafiadores, gestual firme e provocador compõem o repertório da corporalidade dos improvisadores. Em seu curioso manual para praticantes de batalhas de freestyle, Joseph Brown sugere: "Você deve apavorar seu adversário como um gangster enquanto diz pra ele quão bom você é".[69]

Para um desempenho eficaz, é preciso que o comportamento corporal do improvisador seja coerente com as imagens que ele usa em suas rimas, e estas frequentemente fazem alusão a atos de agressão física. Essas menções à violência são também feitas pelo público e pelos organizadores, que incitam os improvisadores com frases como: "Vai lá, bate nele!", "Faca no gogó!", "Arranca a cabeça dele!", "Sangue!", "Paulada na moleira", entre outras. Durante a batalha, as imagens de violência utilizadas pelos improvisadores causam reação muito semelhante às piadas provocadoras. A plateia ri, faz barulho, se agita. Não deixa de ser um sintoma do predomínio — e da diluição — do estilo gangsta.

Destaco o primeiro par de versos rimados por Emicida:[70]

Sua cara é roubar vaga de favelado na USP
Porque aqui na rima cê não vale nem um cuspe

O público vai imediatamente ao delírio. E não é sem interesse que, logo na primeira rima, o tema "ensino superior" tenha surgido. Cabal e Emicida estão em oposição, mas compartilham um universo de possibilidades: o estudo em nível superior. É uma pauta que simplesmente não existia na época do surgimento do Racionais. Na rima de Emicida, Cabal é acusado de "roubar" vagas na Universidade de São Paulo, uma das melhores universidades públicas do país. A ideia é que essas vagas poderiam ser oferecidas a "favelados" — alunos cujas famílias não têm recursos para pagar uma faculdade particular, caso justamente de Emicida, que concluiu o ensino médio e formou-se técnico em design pela Arte São Paulo, Escola de Arte e Música, no Tatuapé. O debate remete às polêmicas sobre as políticas de cotas, que buscam corrigir a desigualdade no acesso às universidades públicas por meio de reserva de certo número de vagas para candidatos de origem social ou racial desfavorecida.

Na verdade, Cabal cursou administração de empresas na Fundação Getulio Vargas, uma faculdade particular considerada das melhores do Brasil. Mas não era esse elemento biográfico que estava em jogo, e sim a intenção de marcar Cabal como "playboy". Se ele tem acesso às melhores faculdades, no rap ele "não vale nem um cuspe". O efeito da rima rara entre "USP" e "cuspe" intensifica a operação de desqualificação do adversário promovida por Emicida e causa grande entusiasmo na plateia, que reage fazendo muito barulho e tornando inaudível a continuação do improviso. Algumas palavras se perdem e só é possível distinguir o sentido novamente quando Emicida diz

[...] querer pagar
Não é só ter os panos pra saber improvisar
Pô, de Timber ou Nike não contribui*
Aqui na rua vagabundo eu roubo os teus bagúi

Emicida segue mobilizando marcadores de classe, indicando que, se Cabal está vestido com as principais marcas do *street wear*, estar de posse do figurino "adequado" não garante o domínio da técnica do improviso. Um elemento que poderia ser positivo (as roupas do hip-hop) torna-se um veneno, um sinal de desajuste: ter dinheiro para comprar as melhores roupas. No par de versos seguinte, Emicida ainda vai mais longe e ameaça roubar as roupas de Cabal. De novo, é uma rima rica: o verbo "contribui" com uma corruptela da palavra "bagulho", tornada "bagúi". E mais uma vez o público vai ao delírio, faz tanto barulho que não se pode mais ouvir o que diz o MC. É possível ouvir o final de um verso, quando diz:

[...] vou chegando sossegadim
Eu vou fazendo sossegado, já falei que é igual ao Slim
Maluco, volta lá pro condomínio
Porque você na rima prova que o hip-hop entra em declínio

Na primeira rima, Emicida se compara a Slim Rimografia, um jovem rapper conhecido na época por ser ótimo improvisador. Slim foi durante anos "oficineiro" na Casa do Hip Hop de Diadema e ensinou as técnicas básicas de construção de rimas no rap a dezenas de MCs. Naquela época gozava de uma certa notoriedade na cena do hip-hop conhecido como "independente", e Emicida buscava se filiar a essa tendência, por oposição a Cabal, que fazia sucesso nos circuitos dominantes da indústria do entretenimento. É curioso que, em 2014, Slim Rimografia tenha participado do programa *Big*

*Referência à marca Timberland, de roupas e calçados.

Brother Brasil, na Rede Globo, tornando-se alvo de duras críticas por parte da comunidade hip-hop — mas não de Emicida, que defendeu publicamente a opção do colega.

Na última rima do round, Emicida acusa o adversário de morar em um condomínio, acionando novamente um marcador de classe. O resumo do argumento é: um playboy não tem legitimidade para fazer rap e leva o hip-hop "ao declínio". O desafiante saiu-se bem no primeiro round, ganhando o apoio de grande parte da plateia. Mas a resposta de Cabal seria afiada, como veremos a seguir:

Aqui não vai ter arrego
Deixa eu explicar pra você que eu vou gerar muito emprego
Com o dinheiro que eu vou fazer com o rap nacional
Aí você vai pagar um pau pro Cabal, não pro Marechal

Cabal é habilidoso na estratégia que escolhe para responder aos ataques de Emicida, utilizando um argumento que vem sendo cada vez mais mobilizado por rappers, inclusive pelos membros do Racionais: a importância de promover o gênero como negócio. É verdade que, em 2007, esse discurso ainda não havia se disseminado como seria nos anos seguintes. Mas o argumento já tinha força e buscava ressignificar o "lugar" de Cabal. Em vez de ser um "playboy", ele se apresentava como um empresário do rap: seu dinheiro e seu sucesso se justificavam pela promessa de contribuir para o fortalecimento do rap nacional.

Em um "chat" com Cabal, realizado em dezembro de 2007 pelo portal UOL e disponível para leitura no blog do artista, ele declarou: "Muita gente acha que para ser MC basta nascer na favela, ter uma vida difícil e reclamar do 'sistema', mas não. O rap só tá assim tosco no Brasil por causa disso! O negócio é entender que, mais que uma cultura, o hip-hop é um business, e se, a gente não ganhar grana com esse business, vão continuar sempre os sertanejos e axés ganhando grana e o rap sendo discriminado, tratado como lixo pela mídia! Vocês querem isso? Eu não! Eu quero ver o rap crescendo, cada vez com shows, CDs, produções maiores e melhores, claro, mantendo a raiz de protesto mas abrindo a cabeça para atingir um novo público!".

No primeiro round, Emicida havia mobilizado uma única categoria para "zoar" Cabal: classe social. Tendo respondido a esse ataque, argumentando que é mais importante promover o hip-hop do que reivindicar um pertencimento de classe, Cabal passa a atacar em outras frentes. A segunda rima mobiliza outra figura da cena "independente", o carioca Marechal, com quem Cabal se envolvera em uma "treta" no ano anterior. O argumento é que um rapper como Cabal, com seu acesso aos principais canais da grande mídia, contribuiria mais para o fortalecimento do rap no Brasil do que nomes da cena independente que, nessa lógica, seriam incapazes de gerar receita. A menção ao nome de Marechal, evocando a treta que havia estimulado grande mobilização de rappers na internet, causou impacto, e o público se entusiasmou, fazendo barulho e encobrindo as rimas seguintes. Só foi possível ouvir Cabal novamente quando ele disse:

> [...] *sandália havaiana*
> *Que é que cê quer? Eu fumo marijuana e tiro onda*
> *Tá ligado, não fala baixinho*
> *Cê não tem nem barba na cara, o que é isso, um matinho?*

Não é possível recuperar a menção à sandália havaiana, mas Cabal mobiliza um símbolo poderoso de juventude — a maconha —, buscando reforçar os laços entre ele e os demais rappers, tornando-o mais um e anulando justamente o que é um de seus principais trunfos: o fato de ter tido sucesso popular como músico. A seguir, caçoa de seu adversário, que seria uma criança, com uma barba que é só um "matinho". Aqui o argumento é francamente pueril, reverberando nos espíritos adolescentes da maioria dos frequentadores da Santa Cruz. Segundo essa lógica, quem fuma maconha é jovem e "descolado", além de famoso (Cabal); enquanto Emicida seria apenas um moleque imberbe. A rima causou algum impacto e, mais uma vez, tornou-se impossível ouvir o que o rapper dizia, a não ser ao final do verso seguinte:

[...] *pra mim você é só uma mina*
Emicida não, acho que ele é uma querida
Cê tá ligado, ele se chama assim na Augusta
Faz cara de mal por quê, criança? Cê não me assusta

Aqui, Cabal mobiliza a categoria que tem mais impacto entre os adolescentes: sexualidade. Na rima de Cabal, seu adversário seria "uma mina", uma "querida", um travesti na rua Augusta.*

Ao afirmar que Emicida é criança/ mulher/ homossexual, Cabal provoca muitos risos e opera uma desqualificação moral de seu adversário. Se, como vimos antes, começa a haver um certo movimento no rap em direção a temas como a homoafetividade, o meio segue sendo profundamente homofóbico — e as batalhas de freestyle são um terreno em que essa marca só faz ser reafirmada. As risadas e os gritos mais uma vez comprometem a compreensão do que diz Cabal, mas pode-se ouvir claramente os versos com que encerra o round:

Se vai me roubar, vai e rouba logo
Senão sai andando, tá ligado, que eu desenrolo

Depois de escapar do discurso de classe e inverter o sen-

*A construção evoca o que o antropólogo Peter Fry descreveu, tratando do sistema taxonômico operante no Brasil, e segundo o qual "a hierarquia de gênero, articulada a partir da oposição masculinidade/ atividade sexual versus feminilidade/ passividade sexual, englobaria de forma sistemática todas as identidades sexuais". (Fry apud Carrara e Simões, 2007)

tido da desqualificação ao dizer que Emicida é criança e homossexual, Cabal responde à ameaça de roubo, colocando-se não só como destemido, mas como descrente. "Vai me roubar? Então rouba logo". A ameaça é respondida com outra ameaça, somada a uma manifestação de desdém. A menção ao crime não é vista como moralmente condenável. O que seria condenável é a covardia: não ousar fazer o que se diz.

Ambos os improvisos geraram reações acaloradas na plateia. Na Santa Cruz, como na maioria das batalhas no Brasil, quem decide o vencedor de cada round é o público, gritando para seu improvisador preferido. Mas não há medidor de decibéis, e são os organizadores que interpretam o nível de barulho. Tampouco é possível distinguir se os gritos têm a ver com a qualidade do improviso ou com qualquer outro fator: amizade, simpatia.

Tendo acompanhado um número significativo de batalhas, nunca presenciei uma situação na qual um improvisador reclamou abertamente do resultado do "barulho". Mas naquela noite de fevereiro, após ouvir a reação da plateia a respeito do primeiro round, Cabal não concordou: "Aí mano, vocês tão vendo isso aqui? Que é isso?". Ele não questionava o fato de que o público tivesse feito mais barulho para Emicida, e sim que ele havia rimado melhor, mas estaria sendo boicotado. Nisso, aliás, ele talvez tivesse razão.

Os ânimos estavam exaltados e os organizadores tentavam se posicionar, defendendo a legitimidade do barulho. Júlio DFlow, apresentador da batalha naquela noite, respondeu: "É só pra começar, mano, é só pra começar". Cabal pediu: "Um a zero pra mim, na moral". Andrei PR, outro dos organizadores, disse: "Os dois rimou bem, mano. Não tem essa, o grito deu pra ele... é a voz do povo". Alguém que torcia por Cabal teria dito que o Emicida ganhara porque "era de lá da Santa Cruz". Andrei respondeu: "Maluco não é daqui não, ele é da Zona Norte, ele veio de longe que nem você".

Sem que precisemos analisar a batalha inteira nem julgar a competência de um e outro nos improvisos, parece evidente que o desfecho da batalha dificilmente poderia ser outro. Fica claro agora que, quando havíamos sugerido ser Emicida o desafiante nesse duelo, não estávamos considerando os mais importantes índices de legitimação no gênero em questão. Já vimos que o rap se afirma como uma "cultura de rua", representando a voz da "periferia" ou, na terminologia mais recente, das "quebradas". Durante a Rinha dos MCs, outra batalha que ocorreu regularmente em São Paulo durante anos, o apresentador Criolo Doido "esquentava" a plateia, no melhor estilo dos animadores de auditório. Entre os refrões criados por Criolo, destaca-se um no qual ele pergunta: "Quem é da periferia diga: ho!", ao que o público, ou pelo menos grande parte dele, responde entusiasticamente com um grito.

O reconhecimento "da rua" é valioso para um rapper — e é o que parece explicar por que um artista como Cabal, com grande exposição midiática, contrato com gravadora multinacional e sobretudo originário de uma família de classe média abastada, tenha aceitado a provocação e ido à estação Santa Cruz participar de uma batalha com adolescentes. É também o que poderia explicar a adesão do público a Emicida, que o tempo todo procurou se afirmar como "de verdade", representando o "rap de rua". Qualquer MC que se torne um fenômeno midiático pode ter seu pertencimento à "cultura de rua" posto em xeque.

Emicida ganhou a batalha naquela noite, e os relatos são concordantes ao descreverem um altíssimo nível de tensão. Um célebre poema de Fernando Pessoa diz: "O poeta é um fingidor/ Finge tão completamente/ Que chega a fingir que é dor/ A dor que deveras sente". A violência "fingida" nos duelos de improviso tem algo do poema de Pessoa: encenam conflitos que são muito reais. Naquela noite, a batalha de rimas quase se transformou em uma verdadeira troca de sopapos.

Entre as pessoas que intercederam para que não houvesse pancadaria estava Sinistro, um produtor de eventos de rap e colaborador de Cabal. Ele propôs que fosse organizada uma batalha na Mood, casa noturna na rua Teodoro Sampaio especializada em noites "black", mas a oferta foi recusada pelos organizadores da Santa Cruz. Júlio Dflow devolveu o bilhete de cinquenta reais para Cabal, que foi embora acompanhado do pessoal da PROHIPHOP.

Depois de levar a semifinal, Emicida acabou perdendo a batalha final para Marcello Gugu. Segundo o próprio vencedor, a final foi "bem chocha": "A gente pegou os oito reais, comprou em esfiha e foi pra quadrinha embaixo, comer e trocar ideia".

Em entrevista concedida em janeiro de 2008, Gugu avalia a decisão tomada na época. "Foi uma oportunidade que a gente podia ter abraçado. Não de fazer um bagulho com o cara, mas de fazer uma primeira parada nossa na Mood. Mas, na imaturidade de achar que a gente ia se vender... Pode ter sido a decisão certa pra estar rolando até hoje na rua; pode ter sido a decisão errada pra ser sempre na rua." Mais do que apostar qual teria sido a decisão certa, interessa aqui apontar para a contradição que se manifesta tão claramente no rap, entre almejar sucesso de mercado e não abrir mão de continuar sendo uma "cultura de rua".

Cabal continua lançando novas músicas e se apresentando, e não há registro de que tenha voltado a participar de uma batalha de freestyle. Emicida não frequenta regularmente a Santa Cruz desde 2007 e tampouco voltou a batalhar.

O fato de Emicida ter se tornado um dos principais nomes do rap nacional faz dele ao mesmo tempo um herói e um candidato à vaga de bode expiatório, como indica uma polêmica que em 2009 mobilizou boa parte dos participantes da Santa Cruz contra ele. O objeto da polêmica era uma frase que Emicida passara a usar como um bordão: "A rua é nóiz". Estampada em camisetas, repetida exaustivamente pelo próprio no seu primeiro sucesso — "Triunfo" — e por seus fãs, ou ainda como uma espécie de grito de guerra ao final de outras músicas quaisquer, tornou-se seu principal refrão.

Para acompanhar a frase, Emicida criou um gesto, usando as duas mãos, que simboliza a letra N. No site do artista, assim como em panfletos distribuídos em shows ou acompanhando o disco, há uma ilustração com instruções para fazer o N. A Nike tem há muitos anos uma estratégia de marketing apoiada na imagem de esportistas e artistas e, no Brasil, vem buscando aproximar sua imagem da cultura hip-hop. No início de 2009, Emicida foi convidado pela marca a uma visita a sua loja no bairro de Pinheiros, em São Paulo, durante a qual ele customizou dois pares de tênis com a frase "A rua é nóiz".

Em intermináveis discussões pela internet* ou ao vivo, a autoria da frase e a legitimidade de seu uso por Emicida foram colocadas em questão. Não há meios de reconstituir os eventos para verificar quem é seu autor. O mais interessante é que a própria frase tematiza o conflito que sua apropriação em um contexto de mercado criou: afinal, quem é a rua? De maneira mais geral, o problema está em como impedir que o sucesso financeiro e midiático de um artista entre em confli-

*Diversas comunidades do Orkut dedicadas a ele foram criadas, a maior das quais reunia em 18 de janeiro de 2011 um total de 31 973 membros. Em fóruns nessas comunidades, internautas o aclamam ou atacam a respeito de suas novas músicas, participações em projetos de outros artistas, entre outros temas.

to com sua principal estratégia de legitimação, qual seja, o vínculo com uma origem "de periferia" e a produção de uma "cultura de rua".

A relativa melhoria no nível de renda, a democratização do acesso à internet banda larga e à tecnologia em geral, associadas à maior escolarização, são algumas das mudanças recentes que impactaram a trajetória de produtores e consumidores de rap. Como vimos, Emicida concluiu o ensino médio e formou-se técnico em design. Muitos outros MCs de sua geração, como Kamau, Projota e Marcello Gugu, têm nível superior completo. Se a expressão "nova classe média"[71] é precipitada ou imprecisa, é certo que as transformações do Brasil nos últimos vinte anos bagunçaram a identidade de classe no rap.

Em 2009, Emicida, que tinha então 24 anos, lançou sua primeira mixtape (ou CD),* gravada com a colaboração de amigos. Ele mesmo fez a arte gráfica, na verdade dois carimbos com os quais marcava um pedaço de papel craft, comprado em rolo e cortado no tamanho do CD. Com a ajuda do padrasto, que recebia uma comissão pelo trabalho, ele queimava uma a uma as mídias em seu computador. O próprio artista carregava sempre os discos na mochila, vendendo depois de seus shows ou durante eventos de hip-hop. Seu irmão Evandro "Fióte" tornou-se seu produtor, e naquele mesmo ano a mixtape vendeu mais de 10 mil unidades.**

Com o sucesso da empreitada, mais membros da família passaram a trabalhar na equipe. Compraram novos computadores, uma impressora melhor e passaram a produzir os CDs de forma quase ininterrupta ao longo do dia, enquanto atendiam a outras demandas ligadas à carreira do artista.

* *Pra quem já mordeu um cachorro por comida, até que eu cheguei longe* (2009). "Mixtape" é o termo usado pelos rappers, desde a época das fitas cassete, para uma produção própria.

** O preço era de três reais para compra em mãos e cinco reais para compra pela internet.

O apartamento da família, no Tucuruvi, se tornou uma espécie de quartel-general da empresa recém-fundada e batizada de Laboratório Fantasma. Pouco depois, os irmãos-sócios alugaram um segundo apartamento no bairro, onde puderam instalar com mais conforto os computadores e as impressoras — afinal, a produção precisava crescer. Com a ajuda de um amigo, Mundico, que já colaborava nas vendas de CDs, passaram a produzir bonés, camisetas, agasalhos, criando um sistema de vendas pela internet. Emicida contratou outro amigo MC, Tiago Redniggaz, para trabalhar como seu advogado e ajudar Fióte nos contratos de vendas de shows. Pouco depois, contrataram uma assessoria de imprensa, passaram a agenciar outros artistas (como o grupo Mão de Oito e os MCs Rael da Rima e Ogi). Rapidamente, a equipe de funcionários do Laboratório Fantasma reunia cerca de vinte pessoas.

Esse pensamento "empreendedor" é uma característica da atual geração de rappers. Há uma relação descomplexada com a ideia de mercado, a autopromoção e a grande mídia. Emicida sempre divulgou em seu blog as reportagens feitas a seu respeito na grande mídia (revistas *Época* e *Bravo!*, jornais *Folha de S.Paulo* e *O Estado de S. Paulo*, entre outros) e participou dos principais programas de divulgação da Rede Globo (*Altas Horas*, *Jô Soares*, *Som Brasil*, *TV Xuxa*, entre outros). Promove diversas colaborações com artistas da MPB (como o grupo Mão de Oito e as cantoras Mariana Aydar e Tulipa Ruiz), do pop (como a cantora Pitty e o grupo NX Zero), assim como com artistas de funk (MC Guimê) e rap gospel (Pregador Luo).

Apesar das diferenças na origem social, aparência e escolha dos temas na construção das letras, Cabal compartilha com Emicida o tipo de atuação no mercado da música. Mantém um blog e intensa divulgação pela internet, esteve nos mesmos programas de TV e colaborou com artistas de outros gêneros. Nas letras mais recentes de Emicida, o posicionamento de classe não se apagou, mas perdeu a contundência. Em "Levanta e anda", faixa de abertura de seu CD *O glorioso retorno de quem nunca esteve aqui*, de 2013, diz:

Esses boy conhece Marx
Noiz conhece a fome

A formulação insiste no distanciamento entre quem defende a igualdade social — como se supõe ser o caso do personagem mencionado na letra, que conhece a obra do filósofo comunista Karl Marx — e quem viveu na pele a experiência da pobreza. Mas é menos frontalmente desafiadora do que "Hey boy" e "Fim de semana no parque", do Racionais, sem falar nas letras de grupos como Facção Central. Essa suavização do discurso é coerente com uma atuação mais próxima dos circuitos dominantes da produção cultural.

Em 2011, Emicida recebeu os prêmios Artista do Ano e Clipe do Ano na 17ª edição do Video Music Brasil da MTV. A premiação do VMB de 2011 foi também a grande consagração de outro MC com longa história nas batalhas de freestyle, criador e apresentador da Rinha de MCs: Criolo, que lançou naquele ano seu disco *Nó na orelha*, tornando-se imediatamente uma febre nos circuitos da música independente em todo o país. Capa dos cadernos de cultura de todos os grandes jornais, Criolo faturou os prêmios de Artista Revelação, Disco do Ano e Música do Ano para a balada "Não existe amor em SP", interpretada na festa de premiação com a participação de Caetano Veloso.

Apesar do prêmio de revelação, Criolo não era novato, e fazia questão de frisar que já tinha mais de vinte anos de carreira. Além de produzir e apresentar a Rinha dos MCs desde 2006, já havia lançado o CD *Ainda há tempo* e o DVD *Criolo Doido live em SP*, em 2010, ambos gravados de maneira independente, e estrelado o filme *Profissão MC*, de Alessandro Buzo e Toni Nogueira. Vale notar que nos primeiros vinte anos de carreira ele utilizara o nome artístico Criolo Doido, mais agressivo.

Nó na orelha marcou a aproximação de Criolo com dois músicos e produtores muito talentosos e atuantes no mercado de música independente em São Paulo: Daniel Ganjaman e Marcelo Cabral. Essa colaboração contribuiu para que a produção musical de Criolo conquistasse singularidade e excelência raras. Com incursões por gêneros como samba, brega e afrobeat, aproveitando seu talento como cantor, Criolo tornou-se uma espécie de "pós-MC": transita com naturalidade do registro do canto falado para o do canto-cantado, contribuindo de maneira definitiva para a inserção do rap no grande panorama da música brasileira.

Ainda em 2010, durante as gravações de *Nó na orelha*, Criolo divulgou um vídeo na internet em que cantava a canção "Cálice", de Chico Buarque e Gilberto Gil, com uma nova letra. "Cálice" havia sido um hino de resistência à ditadura, com seu poderoso jogo de palavras no refrão — o cálice sujo de sangue era também o "cale-se" da repressão — que driblou a censura:

> *Pai, afasta de mim esse cálice*
> *De vinho tinto de sangue*[72]

Criolo captou a força dessa canção e escreveu uma letra nova, se apropriando de sua força de contestação e atualizando seus sentidos. O vídeo, gravado com uma câmera fixa em uma padaria, mostrava o cantor vestido com roupas do dia a dia, interpretando a melodia original de Chico e Gil de maneira contida, como se estivesse falando. Sua performance não se encaixa de maneira comum no "repertório de estilos" do rap: usar as alturas definidas, uma voz doce e não gesticular destoa do estereótipo do rapper. No meio da interpretação, Criolo faz um gesto ao atendente na padaria, pedindo uma média. Serve-se também de um pedaço de bolo.

Caetano Veloso e Criolo na premiação do VMB

O efeito é inserir sua performance artística no cotidiano, reforçando a ideia de que a música *está no mundo*. O conteúdo da letra é violentamente crítico, o que entra em choque com sua maneira tranquila de cantar. A opção por versos que não rimam só faz reforçar o caráter prosaico do que está sendo dito — e que no entanto é trágico —, produzindo um efeito de enorme impacto.

Como ir pro trabalho sem levar um tiro?
Voltar pra casa sem levar um tiro?
Se as três da matina tem alguém que frita
E é capaz de tudo pra manter sua brisa

Os saraus tiveram que invadir os botecos
Pois biblioteca não era lugar de poesia
Biblioteca tinha que ter silêncio,
E uma gente que se acha assim muito sabida

Há preconceito com o nordestino
Há preconceito com o homem negro
Há preconceito com o analfabeto
Mas não há preconceito se um dos três for rico, pai

A ditadura segue, meu amigo Milton
A repressão segue, meu amigo Chico
Me chamam Criolo e o meu berço é o rap
Mas não existe fronteira pra minha poesia

Pai
Afasta de mim a biqueira, pai
Afasta de mim as biatch, *pai*
Afasta de mim a cocaine, *pai*
Pois na quebrada escorre sangue

Com sua nova letra, Criolo propõe um paralelo entre a

truculência do regime militar e a truculência do cotidiano dos pobres nas periferias da democracia brasileira. A ditadura acabou, mas o sangue continua escorrendo nas quebradas. Não há mais censura, mas é preciso desviar da droga (o tráfico nas "biqueiras"; a cocaína) e das *biatch* — no léxico gangsta, a palavra para *bitch* (prostituta), referência vulgar às mulheres, resíduo misógino que, como vimos, sempre marcou o rap e que segue sendo assimilado pelos consumidores do gênero.

O vídeo teve grande repercussão na internet, alcançando perto de 1 milhão de visualizações. Poucos meses depois, Chico Buarque incorporou uma homenagem a Criolo nos shows da turnê do disco *Chico*. Logo após a coda da canção "Baioque", Chico mimetiza o estilo rap e canta:

Gosto de ouvir o rap e o hip-hop da rapaziada
Um dia vi uma parada assim, no YouTube, e disse Queospariu!
Parece "Cálice", aquela cantiga antiga minha e do Gil!
Era como se o camarada me dissesse:
Bem-vindo ao clube, Chicão, bem-vindo ao clube!
Valeu, Criolo Doido! Evoé, jovem artista!
Palmas pro refrão do meu rapper paulista

Em seguida canta o refrão da versão de Criolo, emendado com o refrão original de "Cálice". Grande medalhão da música brasileira, Chico Buarque não é um artista expansivo, não costuma "apadrinhar" novos talentos, opinar sobre assuntos diversos ou ditar modas — o que sublinha a singularidade desse interesse por Criolo. Se as declarações sobre "os rumos da música" são raras, talvez exatamente por isso sejam mais valorizadas. Chico diz ter se sentido "bem-vindo" no clube do rap e remete à sua canção "Paratodos", de 1993, em que homenageia dezenas de músicos brasileiros e, ao final, diz: "Evoé, jovens à vista". Naquele ano, o Racionais MC's lançava seu *Raio X do Brasil*, mas ainda estava fora da mira de Chico.

Uma entrevista de Chico ao jornalista Fernando Barros e Silva, da *Folha de S.Paulo*, no final de 2004, incendiou debates sobre os potenciais e os limites da forma canção como produto estético, objeto de estudos e chave de leitura para o Brasil. "Talvez a canção, tal como a conhecemos, seja um fenômeno do século XX", disse o bardo de olhos azuis. O debate sobre "o fim da canção" reverbera ideias que haviam sido discutidas por Carlos Sandroni em seu artigo "Adeus à MPB". Já vimos como o rap do Racionais veio a ocupar o vácuo estético e político deixado pela MPB no final dos anos 1980. O rap é uma nova forma da canção brasileira, signo de sua capacidade de reinvenção? Ou é sua negação, um indício de sua "morte"?

Em artigo de 2007, Francisco Bosco comenta a polêmica entrevista e propõe uma discussão a respeito da "novidade" do rap no contexto da canção popular brasileira, sem abrir mão da ambivalência das afirmações de Chico. O cerne do argumento é que a linha mestra da canção brasileira, "tal como a conhecemos", está na ideia de "identidade nacional mestiça, fundada em encontros 'raciais', culturais, sociais e semiológicos",[73] e que o Racionais rompe com essa tradição conciliatória. O conflito do grupo com Carlinhos Brown no prêmio da MTV, como vimos algumas páginas antes, ilustra de maneira exemplar essa ruptura.

É preciso considerar que, nos últimos anos, houve uma relativa aproximação do rap e dos rappers com a canção brasileira, "tal qual a conhecemos". Apesar de esforços de artistas como RAPadura, Marcelo D2 e Rappin Hood para fundir o rap e gêneros musicais marcadamente brasileiros como o samba e o baião, talvez seja Criolo quem de fato inseriu o rap numa linha de continuidade da tradição da música popular brasileira. A hipótese é reforçada pela maneira como o artista recebeu a bênção de medalhões como Chico, Caetano e Milton Nascimento.

Essa inserção do rap na tradição da canção brasileira não é apenas um evento estético — já vimos que música nunca é *apenas* som. Ela reverbera transformações sociais e políticas e diz respeito também às novas configurações dos meios de produção na música (como a relação com gravadoras, agentes, produtores e patrocinadores). Já não se pode dizer que o rap é a "negação da canção".

Em 2012, Emicida e Criolo gravaram um DVD ao vivo, em um show no Espaço das Américas, em São Paulo. Dirigida pela empresária Paula Lavigne e por Andrucha Waddington, da produtora Conspiração Filmes, a gravação foi uma verdadeira megaprodução, com quarenta câmeras, dezenas de profissionais e meses de edição. A proximidade com Paula Lavigne, empresária experiente e poderosa da área cultural, contribuiu para levar o Laboratório Fantasma a outro patamar de atuação. O talento de Emicida como artista, sua inteligência no uso dos novos canais de comunicação possibilitados com a internet, a habilidade em ampliar e aprofundar redes de relações pessoais e profissionais, o tino comercial e a enorme capacidade de trabalho dos irmãos Evandro e Leandro e sua equipe fizeram da empresa o mais bem-sucedido negócio na história do hip-hop nacional.

Em trabalho publicado em 2013, *Lá do Leste*, Rose Satiko e Carolina Caffé flagram as reações de rappers da Cidade Tiradentes diante da perda de espaço do gênero para o funk. Copio a seguir um trecho de um depoimento de Douglas de Souza Monteiro, membro da Família RDM:*

> Antigamente o bairro era rua de barro, nós esperávamos meia-noite pra sair água de um cano, e aquela fila enorme de gente com balde. Aí o rap retratava aquilo. Todo mundo gostava de ouvir porque era um protesto, todo mundo se unia pra protestar contra aquilo. Por uma rua asfaltada... Conforme nós fomos conseguindo isso, acho que as pessoas foram se dividindo.

O depoimento de Douglas encontra eco nas declarações recentes de Mano Brown e Edi Rock: a melhoria nas condições de vida de grande parte da população alterou o chão social em que o rap se desenvolveu. Ao mesmo tempo, o relativo enfraquecimento do rap como fenômeno de classe é inversamente proporcional ao seu fortalecimento como gênero musical de mercado. Em entrevista à revista *Rap Nacional* por ocasião do lançamento de seu CD solo, *Contra nós ninguém será*, o rapper comentou o hiato do Racionais e o sentido de seu redirecionamento artístico:

> Nesse tempo que o Racionais parou surgiu a onda do funk, e veio muito forte, porque o rap deixou isso acontecer: o rap deu uma caída por ele mesmo. [...] A culpa é do próprio rap: [...] muitas vezes somos chatos demais e não percebemos isso. O funk tomou conta porque ele é alegre, contagiante, e as pessoas

* A família é uma extensão do grupo de rap Rapaziada do Morro (RDM). É composta de amigos, vizinhos e familiares que apoiam e acompanham o grupo, frequentam os shows, divulgam os eventos, compartilham ideais e participam dos churrascos e dos encontros nas lan houses.

não param de dançar quando ouvem uma batida. O funk não precisa falar que é de preto, porque não é mais. É universal, é nossa música brasileira, é de quem quiser dançar e está aí, as portas estão abertas para todo mundo se divertir.

Como disse Walter Garcia, o disco novo de Edi Rock é um passo em direção à "música negra no mercado hegemônico". Muitos outros MCs declaram sua preocupação em fazer com que o rap ocupe mais espaço no campo da produção cultural do Brasil. Para isso, contam com sua capacidade de empreender e ganhar espaço no mercado da música. Para que possam "viver de rap" é preciso que, de alguma forma, suas produções musicais sejam também produtos de mercado. E quando esses produtos se tornam sucessos comerciais, as receitas geradas pelas vendas de discos e shows, entre outros, elevam o padrão de vida das famílias dos artistas, o que é também uma conquista importante — ainda que no plano individual.

O esforço é legítimo e vem sendo vitorioso, tanto nos eventuais resultados alcançados na esfera pessoal como na vitalidade e excelência das produções artísticas. Esse fortalecimento se mostra na notável pluralidade de subgêneros, assim como na presença do rap como música produzida e consumida em vários estratos sociais e por todo o território nacional.

Em 2012, Mano Brown aceitou convite para participar de um encontro de artistas com o então candidato petista à prefeitura de São Paulo, Fernando Haddad. A contundência de sua fala, registrada em vídeo e divulgada pelas redes sociais, sinaliza que a lâmina de Brown segue afiada, mesmo depois das transformações pelas quais o rap — e o país — passaram. "O que trouxe a gente até aqui não foi pra falar de cultura. Nós vivemos cultura, a gente cria cultura, eu banco cultura, eu invisto na cultura. A gente veio falar sobre extermínio. Eu queria saber se o futuro prefeito tem consciência da guerra que está tendo nas ruas de São Paulo hoje".

A relação de Brown com as instâncias centrais do poder — político, cultural ou econômico — segue ambígua. Se, por um lado, aceita participar de um encontro com um candidato, cedendo sua imagem para uma campanha política, nem por isso sua mensagem é de apoio incondicional.

Ainda que a vertente hegemônica do rap nacional venha se aproximando de um discurso que pode ser caracterizado, nos termos de Antonio Candido, de radical, o rap segue sendo um gênero vigoroso, com enorme potencial contestador. A contradição entre ser uma cultura *de rua* e ser uma cultura *de mercado* não é nova: atravessa a história do rap e faz parte de sua constituição mais elementar. O rap nos ensina que a música está no mundo: é um instrumento de transformação da realidade e é também transformado por ela.

NOTAS

1 A bibliografia sobre samba é vasta. Entre as obras indispensáveis estão os livros *Feitiço decente: Transformações do samba no Rio de Janeiro,* 1917-33, de Carlos Sandroni, e *O mistério do samba*, de Hermano Vianna.
2 H. Rap Brown, *Die Nigger Die!.*
3 Roger D. Abrahams, *Deep Down in the Jungle.*
4 Mário de Andrade, *Dicionário Musical Brasileiro.*
5 Susan McClary, *Rap, Minimalism and Structures of Time in Late 20th Century Culture.*
6 Ver introdução à *Encyclopedia of Rap and Hip Hop Culture.*
7 Ver *Rap Attack 3: African Rap to Global Hip Hop*, de David Toop, e *Black Noise: Rap Music and Black Culture in Contemporary America*, de Tricia Rose.
8 Ver Lilia Moritz Schwarcz, *Nem preto nem branco, muito pelo contrário.*
9 Paul Gilroy, *O Atlântico Negro.*
10 Ver César Alves, *Pergunte a quem conhece: Thaíde.*
11 Ver *Hip hop: Cultura e política no contexto paulistano*, de João Baptista de Jesus Felix.
12 Ibid.
13 Ver *O mundo funk carioca*, de Hermano Vianna.
14 Ibid., p. 28.
15 Ibid., p. 34.
16 Micael Herschmann, *O funk e o hip-hop invadem a cena.*
17 Sobre os autores da chamada literatura marginal, ver *"Literatura marginal": Os escritores de periferia entram em cena*, de Erica Peçanha do Nascimento, além dos vários livros de autores como Ferréz e Alessandro Buzo.
18 Estou simplificando uma questão que merece ser vista em detalhe. Ver, por exemplo, *O mistério do samba*, de Hermano Vianna, ou *O enigma do homem célebre*, de Cacá Machado.
19 Ver *Book of Rhymes: The Poetics of Hip Hop*, de Adam Bradley.
20 Carlos Sandroni faz uma reflexão muito interessante sobre o conceito de síncope em *Feitiço decente.*
21 Ver Walter Garcia, *Bim Bom, a contradição sem conflitos de João Gilberto*, p. 27.
22 Ver *O cancionista*, de Luiz Tatit.
23 Ibid., p. 20.
24 Garcia cita Luiz Tatit, no livro *Semiótica da canção.*
25 Walter Garcia, *Bim, bom*, p. 175.
26 Susan McClary, op. cit.
27 Ver *O som e o sentido.*
28 Ver *A formação dos sujeitos periféricos*, de Tiarajú D'Andrea, p. 250. É de Tiarajú a ideia de que a ausência de refrão no rap contribui para criar a tensão que marca o gênero.
29 Ibid.

30 Ver *The Study of Ethnomusicology: 29 Issues and Concepts*, de Bruno Nettl, p. 23.
31 Ver "Music and Dance", de Anthony Seeger, p. 695.
32 Seu livro *Do belo musical* teve mais de dez edições enquanto o autor estava vivo.
33 Ver *Do belo musical*, de Edward Hanslick, p. 14.
34 Ver *Black Noise: Rap Music and Black Culture in Contemporary America*, de Tricia Rose.
35 Manuela Carneiro da Cunha, *Cultura com aspas*.
36 Roberto Schwarz, *Que horas são*, p. 29.
37 Ibid., p. 31.
38 Janaina Rocha, Mirella Domenich e Patricia Casseano, *Hip Hop: A periferia grita*, p. 18.
39 Ver "Adeus à MPB", de Carlos Sandroni, p. 30.
40 A esse respeito, ver o excelente artigo de Roberto Schwarz, "Cultura e política 1964-68".
41 Ver "Ouvindo Racionais MC's", de Walter Garcia.
42 Walter Garcia, "Sobre uma cena de 'Fim de Semana no Parque', do Racionais MC's".
43 Pedro Paulo M. Guasco, *Num país chamado periferia*, p. 90.
44 Maria Rita Kehl, "Radicais, Raciais, Racionais", p. 97.
45 Especial *Caros Amigos: Hip Hop Hoje*, 24 jun. 2005.
46 Paula Miraglia, *Cosmologias da violência*, p. 28.
47 Revista *Rolling Stone*, nov. 2013.
48 Ver Lilia Moritz Schwarcz, op. cit.
49 Sílvio Romero, *História da literatura brasileira*.
50 A bibliografia sobre samba — e seu desempenho na constituição de uma identidade nacional — é vasta. A vertente ufanista a que me refiro está ligada a tradições intelectuais associadas a Gilberto Freyre e às muitas versões da ideia de democracia racial.
51 Walter Garcia tem vários artigos publicados sobre o Racionais MC's.
52 Há um enorme debate sobre a pertinência da categoria classe social. Baseio-me aqui no breve balanço sobre o tema realizado por André Singer, que cita a definição proposta aqui, originalmente formulada pelo sociólogo Louis Chauvel, e que constitui um esforço para aproveitar contribuições tanto da tradição marxista quanto da tradição weberiana. Ver *Os sentidos do lulismo*, de André Singer.
53 A reportagem em questão é "Gravadoras correm atrás do rap", publicada em 7 maio 1994.
54 Trata-se da edição do dia 12 jan. 1994.
55 A expressão é de Walter Garcia, em "Sobre uma cena de 'Fim de Semana no Parque', do Racionais MC's".
56 O episódio foi minuciosamente analisado por Walter Garcia em "O novo caminho de Edi Rock".
57 Ibid.
58 Antonio Candido, "Radicalismos", pp. 193-4.
59 Especial *Caros Amigos: Hip Hop Hoje*, op. cit.

60 Catarina Tereza Farias Oliveira, "Rádio Comunitária Mandacaru FM, Trajetória e recepção".

61 Versos de "Periferia é periferia", do disco *Sobrevivendo no inferno*, de 2007.

62 Ver a esse respeito Celso Favaretto, *Tropicália: Alegoria, alegria*, e *Verdade Tropical*, de Caetano Veloso. Para uma interpretação crítica dos posicionamentos de Caetano, ver "Verdade Tropical: Um percurso de nosso tempo", de Roberto Schwarz.

63 Caetano Veloso. *Letra só/ Sobre as Letras*.

64 Ver Guilherme Wisnik, *Caetano Veloso*.

65 Alexandre Barbosa Pereira, *De rolê pela cidade*, p. 95.

66 Gabriel Feltran, "Sobre anjos e irmãos: Cinquenta anos de expressão política do 'crime' numa tradição musical das periferias".

67 Ibid.

68 "MC's Guaranis", publicado no jornal *O Estado de S. Paulo* em 21 maio 2011.

69 Joseph Edward Brown, *How to Freestyle, Write Battle Raps, and Write Rap Songs*, p. 18.

70 O vídeo da batalha encontra-se disponível no YouTube. O link disponibilizado pelo internauta "Arcbilly" (<https://www.youtube.com/watch?v=Q_DT-DY0tEE>) contava com mais de 590 mil acessos no fim de 2014. Para uma análise mais detalhada dessa batalha, ver Teperman, "Emicida versus Cabal: Encenando conflitos reais".

71 A expressão "nova classe média" é problemática, como sublinharam vários dos autores que participaram do seminário A "nova classe média"? Famílias em Mudança, organizado pelo Laboratório de Estudos da Família, Relação de Gênero e Sexualidade do Instituto de Psicologia da USP (LEFAM-IPUSP), em 12 ago. 2013.

72 Para uma análise detalhada da obra de Chico Buarque, ver Adélia Bezerra de Menezes, *Desenho mágico*.

73 Francisco Bosco, "Cinema-canção".

BIBLIOGRAFIA

ABRAHAMS, Roger D. *Deep Down in the Jungle: Negro Narrative Folklore from the Streets of Philadelphia*. Chicago: Aldine, 1970.

____. "Playing the Dozens". *The Journal of American Folklore*, v. 75, n. 297, pp. 209-20. Symposium on Obscenity in Folklore, jul.-set. 1962.

ALVES, Cesar. *Pergunte a quem conhece: Thaíde*. São Paulo: Labortexto, 2004.

ANDRADE, Mário de. *Dicionário musical brasileiro*. São Paulo: Edusp, 1989.

BASTOS, Pablo Nabarrete. *Movimento Hip Hop do ABC Paulista: Sociabilidade, intervenções, identificações e mediações sociais, culturais, raciais, comunicacionais e políticas*. São Paulo: ECA-USP, 2008. (Dissertação de mestrado em Ciências da Comunicação)

BÉTHUNE, Christian. *Le Rap: une esthétique hors la loi*. Paris: Éditions Autrement, 1999.

BOSCO, Francisco. "Cinema-canção". In: NESTROVSKI, Arthur (Org.). *Lendo música*. São Paulo: Publifolha, 2007.

BRADLEY, Adam. *Book of Rhymes: The Poetics of Hip Hop*. Nova York: Basic Civitas, 2009.

BREENAN, Tim. "Off the Gangsta Tip: A Rap Appreciation, or Forgetting about Los Angeles". *Critical Inquiry*, Chicago, v. 20, n. 4, 1994.

BROWN, H. Rap. *Die Nigger Die!*. Chicago: Chicago Review Press, 2000.

BROWN, Joseph Edward. *How to Freestyle, Write Battle Raps, and Write Rap Songs*. Publicação independente, 2006.

BURKE, Peter. *Cultura popular na Idade Moderna*. São Paulo: Companhia das Letras, 1989.

BUZO, Alessandro. *Hip-hop: Dentro do movimento*. Rio de Janeiro: Aeroplano, 2010.

CANDIDO, Antonio. "Radicalismos". In: ____. *Vários escritos*. Rio de Janeiro: Ouro sobre Azul, 2004.

CARRARA, Sergio e Simões, Julio Assis. "Sexualidade, cultura e política: a trajetória da identidade homossexual masculina na antropologia brasileira". In: Cadernos Pagu nº 28. Campinas, 2007.

CASCUDO, Luís da Câmara. *Literatura oral no Brasil*. São Paulo: Global, 2006.

____. *Vaqueiros e cantadores*. São Paulo: Global, 2005.

CUNHA, Manuela Carneiro da. *Negros, estrangeiros*. São Paulo: Brasiliense, 1985.

____. *Antropologia do Brasil*. São Paulo: Brasiliense, 1986.

____. *Cultura com aspas*. São Paulo: Cosac Naify, 2009.

D'ANDREA, Tiarajú Pablo. *A formação dos sujeitos periféricos: Cultura e Política na periferia de São Paulo*. São Paulo: FFLCH-USP, 2013. (Tese de doutorado em Sociologia)

EDWARDS, Paul. *How to Rap: The Art and Science of the Hip-Hop MC*. Chicago: Chicago Reviews Press, 2009.

FAVARETTO, Celso. *Tropicália: Alegoria, alegria*. 3. ed. Cotia: Ateliê, 2000.

FELIX, João Baptista de Jesus. *Hip hop: Cultura e política no contexto pau-*

listano. São Paulo: FFLCH-USP, 2005. (Tese de doutorado em Antropologia Social)

FELTRAN, Gabriel. "Sobre anjos e irmãos: Cinquenta anos de expressão política do 'crime' numa tradição musical das periferias". *Revista Instituto Estudos Brasileiros*, São Paulo, n. 56, pp. 43-72, jun. 2013.

FERRARI, F. et al. (Org.). *Revista Sexta Feira*, São Paulo, n. 8, ed. 34, 2006.

FRÚGOLI JR., Heitor. *Centralidade em São Paulo: Trajetórias, conflitos e negociações na metrópole*. São Paulo: Edusp, 2000.

GARCIA, Walter. *Bim Bom, a contradição sem conflitos de João Gilberto*. São Paulo: Paz e Terra, 1999.

____. "Ouvindo Racionais". In: *Teresa: Revista de Literatura Brasileira*, São Paulo, n. 4/5, pp. 167-80, 2003.

____. "Diário de um detento: Uma interpretação". In: NESTROVSKI, Arthur (Org.). *Lendo canções*. São Paulo: Publifolha, 2007.

____. "Sobre uma cena de 'Fim de Semana no Parque', do Racionais MC's". *Revista Estudos Avançados*, São Paulo, v. 25, n. 7, abr. 2011.

____. "O novo caminho de Edi Rock". *Le Monde Diplomatique*, São Paulo, 1º nov. 2013.

GILROY, Paul. *O Atlântico negro*. Rio de Janeiro: Ed. 34, 2001.

GUASCO, Pedro Paulo M. *Num país chamado periferia: Identidade e representação da realidade entre os rappers de São Paulo*. São Paulo: FFLCH-USP, 2001. (Dissertação de mestrado em Antropologia Social)

GUIMARÃES, Maria Eduarda Araújo. *Do samba ao rap: A música negra no Brasil*. Campinas: Unicamp, 1998. (Tese de doutorado)

HANSLICK, Eduard. *Do belo musical*. Lisboa: Edições 70, 2002.

HERSCHMANN, Micael. *O funk e o hip hop invadem a cena*. Rio de Janeiro: UFRJ, 2005.

HUIZINGA, Johan. *Homo ludens: O jogo como elemento da cultura*. São Paulo: Perspectiva, 2008.

KEHL, Maria Rita. "Radicais, Raciais, Racionais: A grande frátria do rap na periferia de São Paulo". *São Paulo em Perspectiva*, São Paulo, v. 13, n. 3, 1999.

KEYES, Cheryl. "At the Crossroads: Rap Music and Its African Nexus". *Ethnomusicology*, v. 40, n. 2, pp. 223-48, 1996.

____. "Empowering Self, Making Choices, Creating Spaces: Black Female Identity Via Rap Music Performance". *The Journal of American Folklore*, v. 113, n. 449, pp. 255-69, 2000.

LEAL, Sérgio José de Machado. *Acorda hip-hop!: Despertando um movimento em transformação*. Rio de Janeiro: Aeroplano, 2007.

MACEDO, Marcio. "Serviço de Preto": Uma faceta do consumo da juventude afro-paulista. Texto apresentado na XXVIII Reunião Anual da Associação Nacional de Pós-Graduação e Pesquisa em Ciências Sociais (Anpocs), Caxambu, out. 2004. (mimeo)

____. "Baladas black e rodas de samba da terra da garoa". In: MAGNANI, José Guilherme (Org.). *Jovens na metrópole: Etnografias de circuitos de lazer, encontro e sociabilidade*. São Paulo: Terceiro Nome, 2007.

MATSUNAGA, Priscila Saemi. *Mulheres no hip hop: Identidades e representações*. Campinas: Unicamp, 2006. (Dissertação de mestrado)
MCCLARY, Susan. *Rap, Minimalism and Structures of Time in Late 20th Century Culture*. Lincoln: University of Nebraska-Lincoln, 1998.
MENESES, Adélia Bezerra de. *Desenho mágico: Poesia e política em Chico Buarque*. 4. ed. Cotia: Ateliê, 2002.
MIRAGLIA, Paula. *Cosmologias da violência: Entre a regra e a exceção*. São Paulo: FFLCH-USP, 2008. (Tese de doutorado em Antropologia Social)
NASCIMENTO, Erica Peçanha do. *"Literatura marginal": Os escritores de periferia entram em cena*. São Paulo: FFLCH-USP, 2006. (Dissertação de mestrado em Antropologia Social)
NEAL, Mark. *That's the Joint!: The Hip-hop Studies Reader*. Nova York: Routledge, 2004.
NETTL, Bruno. *The Study of Ethnomusicology*. Chicago: University of Illinois Press, 1983.
OLIVEIRA, Catarina Tereza Farias. "Rádio Comunitária Mandacaru FM, Trajetória e recepção". Comunicação pessoal.
PARDUE, Derek. *Ideologies of Marginality in Brazilian Hip Hop*. Nova York: Palgrave Macmillan, 2008.
____. "Desempenhando atitude: Uma imposição de espaço e gênero pelos hip hoppers brasileiros". *Revista de Antropologia*, São Paulo, v. 51, n. 2, pp. 519-46, jul.-dez. 2008.
PEREIRA, Alexandre Barbosa. *De rolê pela cidade: Os pixadores em São Paulo*. São Paulo: FFLCH-USP, 2005. (Dissertação de mestrado em Antropologia Social)
PIMENTEL, Spensy. *O livro vermelho do hip hop*. Universidade de São Paulo, 1997.
ROCHA, Janaina; DOMENICH, Mirella; CASSEANO, Patricia. *Hip hop: A periferia grita*. São Paulo: Fundação Perseu Abramo, 2001.
ROMERO, Sílvio. *História da literatura brasileira*. Rio de Janeiro: José Olympio, 1949.
ROSE, Tricia. *Black Noise: Rap Music and Black Culture in Contemporary America*. Middletown: Wesleyan University Press, 1994.
____. *The Hip Hop Wars: What We Talk about when We Talk about Hip Hop — and Why It Matters*. Nova York: Basic Civitas Books, 2008.
SAHLINS, Marshall. "O pessimismo sentimental e a experiência etnográfica: porque a cultura não é um objeto em vias de extinção". Parte I in: *MANA*, v. 3, n. 1, pp. 41-73. Parte II in: *MANA*, v. 3 n. 2, pp. 103-50, 1997.
SANDRONI, Carlos. *Feitiço decente: Transformações do samba no Rio de Janeiro, 1917-33*. Rio de Janeiro: Jorge Zahar, 2001.
____. "Adeus à MPB". In: CAVALCANTE, Berenice; EISENBERG, José; STARLING, Heloisa (Orgs.). *Decantando a República,* v. 1. Rio de Janeiro: Nova Fronteira, 2004.
SATIKO, Rose Gitirana Hikiji; CAFFÉ, Carolina. *Lá do Leste: Uma etnografia audiovisual compartilhada*. São Paulo: Humanitas, 2013.
SANSONE, Livio. *Negritude sem etnicidade: O local e o global nas relações*

raciais e na produção cultural negra do Brasil. Salvador; Rio de Janeiro: Pallas, 2004.

SCHWARCZ, Lilia Moritz. *Nem preto, nem branco, muito pelo contrário: Cor e raça na sociabilidade brasileira.* São Paulo: Claro Enigma, 2012.

SCHWARCZ, Lilia; STARLING, H. "Lendo canções e arriscando um refrão". *Revista USP*, São Paulo, n. 68, 2005.

SCHWARZ, Roberto. "Cultura e política 1964-68". In: ____. *O pai de família e outros estudos.* Rio de Janeiro: Paz e Terra, 1978.

____. *Que horas são?.* São Paulo: Companhia das Letras, 1987.

____. "Verdade Tropical: Um percurso de nosso tempo". In:____. *Martinha versus Lucrécia. Ensaios e entrevistas.* São Paulo: Companhia das Letras, 2012.

SEEGER, Anthony. "Music and Dance". In: INGOLD, Tim (Org.). *Companion Encyclopedia of Anthropology.* Londres: Routledge, 1994.

SILVA, José Carlos Gomes. "Juventude e segregação urbana na cidade de São Paulo: Os números da vulnerabilidade juvenil e a percepção musical dos rappers". *Ponto Urbe — Revista do Núcleo de Antropologia Urbana*, ano 1, versão 1.0, jul. 2007.

____. *Rap na cidade de São Paulo: Música, etnicidade e experiência urbana.* Campinas: Unicamp, 1998. (Tese de doutorado)

SINGER, André. *Os sentidos do lulismo.* São Paulo: Companhia das Letras, 2012.

SOUZA, Rafael Lopes de. *O movimento hip-hop: A anticordialidade da "Repúbica dos Manos" e a estética da violência.* Campinas: Unicamp, 2009. (Dissertação de mestrado)

SPOSITO, Marília Pontes. "A sociabilidade juvenil e a rua: Novos conflitos e ação coletiva na cidade". *Tempo Social*, São Paulo, v. 5, n. 1-2, pp 161-78, 1993.

TATIT, Luiz. *O cancionista: Composição de canções no Brasil.* São Paulo: Edusp, 1996.

____. *Semiótica da canção.* São Paulo: Escuta, 1994.

____. *Todos entoam.* São Paulo: Publifolha, 2007.

TEPERMAN, Ricardo Indig. "Emicida versus Cabal: Encenando conflitos reais". *Iara: Revista de Moda, Cultura e Arte*, São Paulo, v. 3, pp. 119-40, 2010.

____. *Tem que ter suingue: Batalhas de freestyle no metrô Santa Cruz.* São Paulo: USP, 2011a. (Dissertação de mestrado)

____. "Joutes de freestyle: Faut-il rimer ou bien se moquer?". *Vibrant*, Florianópolis, v. 8, pp. 39-69, 2011b.

____. "Improviso Decorado". *Revista do Instituto de Estudos Brasileiros*, São Paulo, n. 56, jun. 2013.

____. "O rap radical e a 'nova classe média'". *Psicologia*, USP, São Paulo, v.26, n.1, pp. 37-42, jan.-abr., 2015.

TOOP, David. *Rap Attack 3: African Rap to Global Hip Hop.* Londres: Serpent's Tail, 2000.

VELOSO, Caetano. *Letra só/ Sobre as letras.* São Paulo: Companhia das Letras, 2003.

____. *Verdade tropical.* São Paulo: Companhia das Letras, 1997.

VENTURA, Teresa. "Hip hop e graffiti: uma abordagem comparativa entre o Rio de Janeiro e São Paulo". *Análise Social*, Lisboa, v. XLIV, n. 192, pp. 605-34, 2009.

VIANNA, Hermano. *O mundo funk carioca*. Rio de Janeiro: Jorge Zahar, 1988.

____. *O mistério do samba*. Rio de Janeiro: Jorge Zahar, 1995.

____. "Paradas do sucesso periférico. 1. Hermano Vianna", *Sexta-feira*, Rio de Janeiro, n. 8, 2007.

WEBER, Max. *Ciência e política: Duas vocações*. São Paulo: Cultrix, 2004.

WISNIK, Guilherme. *Caetano Veloso*. São Paulo: Publifolha, 2005. (Coleção Folha Explica)

WISNIK, José Miguel. "Machado maxixe: O caso Pestana". In: ____. *Sem receita*. São Paulo: Publifolha, 2004.

____. *Veneno remédio: O futebol e o Brasil*. São Paulo: Companhia das Letras, 2008.

ZEGNANI, Sami. "Le Rap comme activité scripturale: L'émergence d'un groupe illégitime de lettrés". *Langage et Société*, Paris, n. 110, dez. 2004.

FILMOGRAFIA

8 mile. Direção: Curtis Hanson. Roteiro: Scott Silver. Música: Proof. Intérpretes: Eminem, Kim Basinger, Mekhi Phifer, Brittany Murphy e outros. Universal Pictures, 2002.

Beef. Direção: Peter Spirer. Roteiro: Peter Alton, Peter Spirer. Música: J-Force, Quincy Jones III, Femi Ojetunde, Paul Vega. Intérpretes: Ving Rhames, 50 Cent, Kevin Anderson, B-Real e outros. Image Entertainment, 2003, DVD (103 min.), color.

Freestyle, um estilo de vida. Direção e roteiro: Pedro Gomes. Música: M. Sário (Pentágono). São Paulo, 2008.

Freestyle: The Art of the Rhyme. Direção: Kevin Fitzgerald. Música: Darkleaf, Freestyle Fellowship, DJ Organic, Omid Walizadeh. Intérpretes: Muhammad Ali, Planet Asia, Bahamadia e outros. Palm Pictures, 2005.

From Mambo to Hip Hop: A South Bronx Tale. Direção: Henry Chalfant. Intérpretes: Ray Barreto, Willie Colón, Celia Cruz e outros. City Lore, 2006.

Funk da CT: A invasão do baile funk em São Paulo. Direção: Leandro HBL, 2010.

L.A.P.A. Direção: Emilio Domingues. Rio de Janeiro, Osmose Filmes, 2009.

A loucura do ritmo (*Beat Street*). Direção: Stan Latan. Roteiro: Steven Hager, Andrew Davis, David Gilbert, Paul Golding. Música: Arthur Baker, Harry Belafonte, Webster Lewis. Intérpretes: Rae Dawn Chong, Guy Davis, Jon Shardiet e outros. Orion Pictures, 1984.

Nos tempos da São Bento. Direção: Guilherme Botelho. São Paulo, 2010.

Poetas de rua. Direção: Arthur Moura. Rio de Janeiro, 2009.

Versificando. Direção: Pedro Caldas. Música: DJ KL Jay, Ricardo Anastácio, Peneira e Sonhador, Orlando Dias e Andorinha, T. Kaçula, Dentinho, Robson Capela e Fernando Zé Pequeno. São Paulo, 2010.

Wild Style. Direção e roteiro: Charlie Ahearn. Música: Fab 5 Freddy, Chris Stein. Wild Style, 1983.

AGRADECIMENTOS

Este livro teve origem em minha pesquisa de mestrado no Departamento de Antropologia Social da Universidade de São Paulo. Quero agradecer carinhosamente a minha orientadora, Lilia Schwarcz, que acompanhou de perto cada etapa do mestrado com crítica e generosidade — e ainda sugeriu sua transmutação neste livro. Agradeço a todos aqueles que participaram, de uma forma ou de outra, de minha pesquisa de mestrado:

MCs Luciano 10=, Bitrinho, Grilo, Chalen, Bastian, Pri, Gah, TVS, Fagal, Scotty, Skol, TS, Nino, Ago, Fabio, Pelé, Gão, Mutano, G-Box, JL, LTA, Pauê, Tay, Drica, Jhank, Jay P, Tuchê, Luca, Loop, e demais MCs da Santa Cruz. Agradeço particularmente as preciosas conversas com Mamuti, Andrei, D'Flow, Marcello Gugu, Lucas Tristão e João Paulo Nascimento.

Aos MCs Max BO, Kamau, Marechal, Emicida, Cabal, Slim Rimografia e Projota; aos DJs Roger, Dandan e Marco; aos produtores Leonardo Coyote, MR Fê, Cesar Schwenck, Evandro Fióti, Rafaela e Leo; e aos cineastas Arthur Moura, Emilio Domingos, Pedro Caldas Junqueira e Pedro Gomes, pelas entrevistas.

Já na etapa de elaboração do livro, agradeço a Antonio Eleilson Leite, Guilherme Botelho, DJ Roger, DJ Marco e Tiago Frúgoli, pelas preciosas conversas e pela generosa cessão de material.

Agradeço especialmente ao professor Walter Garcia pelas várias conversas e pela presença na banca do mestrado com provocações decisivas para a confecção deste livro.

Os encontros semanais com André Singer, sempre regados a boa música, foram fonte de reflexões sem as quais este livro certamente perderia em densidade.

Na etapa final de redação, agradeço pelas leituras atentas dos músicos Marcelo Segreto, Marcelo Pretto, Vinicius Calderoni e Tiago Redniggaz.

A Flavio Moura pela amizade e pelos muitos toques preciosos.

A Vanessa Ferrari e toda a equipe da Companhia das Letras.

Agradeço pelo apoio em todas as horas a Rogerio e Maria Helena Teperman, e, mais recentemente, Carlos César e Sandra Signorelli.

Por fim, agradeço a Paula Signorelli, que fez comigo a mais bela rima de improviso, Lia.

SOBRE O AUTOR

Nascido em São Paulo, em 1978, RICARDO TEPERMAN é músico e antropólogo. Sua dissertação de mestrado, defendida em 2011, foi sobre batalhas de MCs. Doutor em Antropologia pela USP, foi editor da *Revista Osesp* e editor-executivo da revista *Novos Estudos* (Cebrap). Em 2005, obteve o primeiro lugar no Festival Cultura pela canção "Contabilidade". Gravou vários discos, entre os quais *Quem mandô?* (2006), com a Orquestra do Fubá, *A torcida grita* (2008), com Danilo Moraes, e *Geringonça* (2009), seu primeiro CD solo. Atualmente, é publisher da Zahar, selo do grupo Companhia das Letras.

ÍNDICE REMISSIVO

CRÉDITOS DAS IMAGENS

Página 36: © Minú - Fantástic Force
Página 41: Cortesia de Portal Geledés
Página 62: Arquivo pessoal de Renilson do Nascimento
Página 80: © Klaus Mitteldorf
Página 107: © Mila Maluhy
Página 111: Goldemberg Fonseca
Página 125: Carlos Pereira Matos
Página 143: J. F. Diorio/ AE

ESTA OBRA FOI COMPOSTA
EM CHARTER POR RMSL E IMPRESSA
EM PROCESSO SOB DEMANDA
PELA UM LIVRO SOBRE
PAPEL OFFWHITE PARA
A EDITORA SCHWARCZ
A PARTIR DE 2025